JN079651

就活・受験に効く！

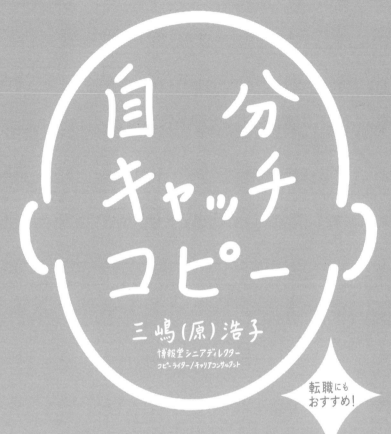

自分キャッチコピー

三嶋(原)浩子

博報堂シニアディレクター
コピーライター／キャリアコンサルタント

転職にも
おすすめ！

中央経済社

はじめに

☐ 青学・原監督のキャッチコピー作戦に我が意を得たり

「監督，今年の作戦名はなんですか？」青山学院大学陸上競技部・原
晋監督は毎年「○○作戦」というキャッチコピーを記者会見で発表し続
けた結果，ついに記者のほうから作戦名を質問されたそうです。2015年
1月「ワクワク大作戦」というキャッチコピーを掲げて箱根駅伝初優勝
を果たし，その年末の会見で「○○作戦」がついにブレイクしたという
わけです。記者会見翌日の新聞には「青学，今回はハッピー大作戦」と
いう大きな見出しが躍りました。

記者会見で作戦名の質問を受けた時，原監督はニンマリしたそうです
が，同じ原つながりの筆者も別の理由でニンマリしました。「どうや，
コピーの力はすごいやろ！」と。

本著では，**原監督も世間も，効果を感じたキャッチコピーの力で，人**
生を左右する大学受験・就活に役立ててもらうことを目的にしています。
就活のエントリーシート作成や面接に役立つ，武器になる，名付けて
「自分キャッチコピー」。

筆者の本業は広告会社のコピーライターです。長年のスキルを基に
「自分キャッチコピー」のつくり方を体系化し，非常勤講師を務める大
学で「人生に効くコピーライティング」と名打った講義に取り入れまし

た。おかげさまで，この講義は好評を頂き，他の大学や遠方の高校にまで，ゲスト講師としてお声がけを頂くようになりました。いろんな学校で講義をするたびに実感するのは，「自分なんて大したことない」そう思っている控えめな学生が多いことです。自分のことは，意外にも自分が一番分かっていない。就活は，人生における自分プロデュースのひとつですが，自らを客観視して進路を決めることは難しい。そもそも，20歳そこそこの若さで社会人デビューの行き先を固めるなんて。就活に悩む学生と向き合うと，無理強いに近いものを感じます。

□ 自分にキャッチコピーを付けるべき理由

　原監督が作戦名のキャッチコピーをつくって発表する理由は大きく2つあると言います。ひとつは，陸上界を華やかな世界にするため。箱根駅伝の記者会見が「クソまじめで面白みのない会見になってしまっていることに，かねてから疑問を持っていた」と著書『勝ち続ける理由』（祥伝社新書）で語っておられます。陸上界を華やかにするため，記者会見をショータイムにしよう，と考えたそうです。もうひとつの理由は，端的な言葉にすることで，その時のチームが目指すべきものを示すため。
　この理由にも大共感です。まさに筆者が考える「自分キャッチコピー」をつくる理由の大代表は，自分が目指す生き方を明確にするため。「私は誰？ここはどこ？」に陥るのではなく，自分は何者で，どんな生き方をするのか。自分の売りは何なのか。こういったことを明確にするのが，「自分キャッチコピー」です。

■ 「自分キャッチコピー」は，すごいコピーである必要はなし

　原監督は，2015年の初優勝以降も毎年，「ハッピー大作戦」「サンキュー大作戦」などの作戦名を掲げ，結果を残しています。特に筆者が好きなのは「サンキュー大作戦」。支えてくれた多くの方々に感謝の思いを込めて走ろうというテーマ。いいなぁ，誰かのために，応援してくれた人を喜ばせるために，そう考えると人は力を出せるもんなぁ。

　とは言え，「サンキュー大作戦」も他のキャッチコピーも，決してカッコいい言葉つきではありません。広告のコピーにするなら，ちょっと…無理です，が正直なところ。しかし，原監督は作戦名のキャッチコピーをつくるにあたって，しっかりとしたビジョンを持っていることを著書『勝ち続ける理由』でこのように述べています。

　　まずは，明るい言葉がいい。しかも，ベタな言葉がいい。なぜなら，すぐに覚えられて，いつまでも人の心に残るからだ。
　　一度聞いて覚えられないような言葉，ダラダラした長い言葉は，端から除外される。頭に入らないような言葉は，すでにキャッチコピーではない。だからベタな言葉が第一条件である。

　コピーライターとして耳が痛いお言葉もありますが，本著への援護射撃を頂いたように思えます。原監督，ありがとう！そうですよね。**「自分キャッチコピー」も美辞麗句を並べて凝った表現をする必要なし。文章力も必要なし。ただ，つくり方にはコツとステップがあります。そこを手っ取り早く本著でお伝えしようと考えています。**

　そう「手っ取り早く」は大切。筆者は合理主義で無駄なことが嫌いなので，読者の皆さんに効率よく「自分キャッチコピー」を編み出してほ

しい。実際，筆者の授業でも，学生は15分〜20分でコピーをつくり上げています。だから，作文や国語が苦手だから，と後ずさりせず，自分の人生をよりよくするための「自分キャッチコピー」づくりに，ぜひ取り組んでください。

□ 高校生・大学生・社会人まで，幅広い層に役立つ

　本著は，就活を控えた大学生を主たるターゲットにしています。が，転職を志す社会人，総合型選抜・学校推薦型選抜による大学入試を目指す高校生に向けた章も用意しました。1冊あれば，親御さんとお子さんで回し読みも可能（もちろん，お1人1冊ご購入は大歓迎です！）という，コスパのいい1冊です。**「自分キャッチコピー」のつくり方において，本質は，学生も社会人も変わりませんが，受験・就活・転職と異なる目的において，留意点が若干異なります。そこで，共通点はありつつも，目的別に章立て**をしました。さらに筆者は，コピーライターであると同時に国家資格キャリアコンサルタントの資格を取得しています。キャリア論の視点から，「自分キャッチコピー」をつくるために土台となる，ぜひ身に着けてほしい精神性についても語ります。そこは，一見面倒くさい話ですが，「自分キャッチコピー」を時間をかけずにつくるため，目指す進路への距離を縮めるため，ぜひこちらもお読み頂きたいと思います。

　1人でも多く，目指す場所へ届きますように。1人でも多く，心健やかに受験・就活に取り組めますように。願いを込めて，人生に効く「自分キャッチコピー」講座，始めます。

CONTENTS

Ⅱ　就活に効く
　「自分キャッチコピー」のつくり方
　》面接の場合

Ⅲ 大学入試に効く「自分キャッチコピー」のつくり方

第1章 「自分キャッチコピー」とは何か？

❶ コピーライティングは広告だけのもの，ではない

　大学でコピーライティング講座を受け持っています。ひと昔前は，「コピーライターになりたい」「広告会社に就職したい」という学生が，巷の養成講座にドッと押し寄せたようですが，今はそういう学生にほとんど出会いません。筆者の講義もご多分に漏れず。受講理由を訊ねると，「文章力・表現力を身に付けたい」「就活に役立ちそうだから」，この2つが大多数です。後者に関しては，筆者が授業タイトルに掲げた「人生と就活に効くコピーライティング」に紐づいているようです。

　大学生が惹かれそうなワードを講座名にぶら下げただけ，と解釈されるかもしれません。しかし筆者は，コピーライティングの技法こそ就活や受験，社会人生活において長く役立つ技法だと確信しています。したがって，広告制作者が独占するのではなく，働く人々や生活者全般が広く恩恵を受けてほしい。言い換えると，コピーライティングは，広く遍く人生を支え，よりよく育てることだってできる。だから，多くの人にその技法を身に付けてもらいたいのです。

　「確かに，仕事で毎日メールを打つし，文章がうまくなるに越したこ

とはないねぇ」と思われたでしょうか。うーん，そこは少し軌道修正。**コピーライティング＝文章力，ではありません。言葉の表現力は含まれますが，それは結果として身に付くだけ。**言葉使いのテクニックを装着したい方は，関連書籍が他にたくさんありますから，どうぞそちらへ。コピーに関する考え方は，いろいろあってすべて良いと思います。しかし筆者は，表現力や言葉の使い方より，もっと本質的で大切なものに重きを置きたい。

　かくいう筆者も，長年のコピーライター生活で表現や言葉にばかりこだわっていました。20代の修業時代は，コピー年鑑をめくって面白い表現を取り入れようとして，似ていることにハッと気づいてボツにしたり。それが本質的ではなく，遠回りしていたことに気づいたのは，恥ずかしいくらい昔のことではありません。学生には「私が○○年もかかって身に付けた技法を，あなたたちは3か月でマスターする。うらやましい」と恩着せがましく言って，みんなを引かせています。

　受講生にしつこく言っているのは，**「コピーはライティングから入ってはいけない。シンキングだ」「いきなり書いちゃダメ。まずはシンキング」**と，毎時間毎時間，シンキングと言い続けています。シンキング＝どう考えるかの技法は，この後しっかりお伝えします。

　ここで何を言いたいかというと，「コピーライティングは広告と関わりも興味もない人にも身に付けてもらいたい。人生のあらゆるシーンで役に立つから」ということです。

●─ 自分キャッチコピーのツボ①

いきなり書いてはいけない。ライティングよりシンキング。

❷「自分キャッチコピー」の人生における効き目

☐「何者」かが端的に伝わるキャッチコピーの芸人さんは売れている

では，人生に効き目があるコピーライティングにおける「自分キャッチコピー」とは何か。これは，読んだまま。自分を伝えるキャッチフレーズのことです。

昔からアイドルには，キャッチコピーが付き物でした。今日では，コンサートの自己紹介で使われています。お笑いでは，ネタ番組の芸人紹介で目にします。毎年，たくさんの漫才コンビがチャレンジするお笑い賞レースで見事優勝したり，売れていく芸人さんはキャッチコピーがしっかりしているという印象です。しっかりしている，を具体的に言うと，**「他の芸人たちと何が違うか」「何者」かが明確にあり，同時に「差別化」が出来ている**ということです。番組制作の方が意識してコピーをつくられたのかどうかは分かりませんが，結果として売れて，芸人人生の成長につながった印象です。

「何者」が明確で差別化が図れた芸人さんのキャッチコピーを一部ご紹介すると，

- ●ぺこぱ「ツッコミ方改革」
- ●EXIT「ネオ渋谷系漫才師」
- ●オードリー「心地よいズレ漫才」
- ●笑い飯「予測不能のWボケ」

（引用：ゆきるりちゃんねる/愛ラブ・バスケットボール）

ぺこぱさんは，相方も誰も傷つけないポジティブなツッコミという，

それまで見慣れた漫才のツッコミとは真逆の芸風を打ち立てました。オードリーさんの「ズレ漫才」，笑い飯さんの「Wボケ」も，過去になかったスタイルです。EXITさんは「ネオ渋谷系」と見た目のカッコよさとつながります。

　ここにピックアップした芸人さんたちは，「差別化」の結果，彼らの漫才が新しい「ジャンル」になっていることも特筆すべきです。しかも「ひと言」で言えている。ひと言化された新しい「ジャンル」は記憶に残りやすく，それが別の番組制作者にも刺さり，キャスティングされ露出が増えていくのでしょう。芸人キャッチコピー，あなどれません。

□ 受験・就活の面接で「何者」を確実に伝えられるか？

　一般人の我々も，群雄割拠の芸人ほどではないにせよ，**「差別化」が問われる場面があります。受験や就活，転職です**。受験の場合，AO入試に面接は付き物ですし，就活・転職は言わずもがなです。転職の場合，学生時代から数年たち，緊張が取れない方も多いはず。

　自分は「何者」か。大勢のライバルがひしめく中，あなたはしっかりと語れますか？面接で審査する聞き手に分かりやすく伝えられますか？もしも**面接がうまくいかなかったのなら，あなたの実力不足ではない。自分が「何者」か，端的かつ的確に伝えられなかったこと，ただそれだけが理由かも**しれません。自分では伝えたつもりになっていても，「伝える」と「伝わる」は異なります。「何者」が伝わらなかったのなら，「伝え方」に問題があったということ。なんとも，もったいない話です。「伝え方」のミスのせいで，志望する学校や会社に落ちるなんて。そこで人生が思うようにいかないなんて。実力なんて，チョモランマ級の差があるわけない。当日に力を出せるかどうか，その差なんです。

　伝えたいことが聞き手に間違いなく届けられる，そのための工夫が「自分キャッチコピー」です。筆者が構築した「自分キャッチコピー」のつくり方は，**あなたという人となりの魅力が端的かつ的確に伝わるよう，工夫されています。**

□ あがり症の方にお勧め「自分キャッチコピー」大作戦

　就活に熱心な大学生は，「面接で聞かれそうなことを予想して，こう聞かれたらこう答えるメモをつくっている」と言います。なるほど，その準備はよいとしても，いざ面接本番になると「頭が真っ白になって言葉が出てこない」「緊張して，何を話したのか覚えていない」そうです。用意したメモには長い文章が綴られていますが，なかなか覚えられないだろうし，緊張すると用意した言葉はスムーズに出てこないはず。

　しかし，ダラダラ長い文章を用意して覚えるのではなく，短い「自分キャッチコピー」であれば，どうでしょう。面接の最初の質問はたいていが志望動機か自己PR。どちらの場合でも**「私のキャッチコピーは〇〇〇です」は有効です。これだけなら，記憶しやすく，緊張してもなんとか口に出せるのではないでしょうか。**

　筆者は，高校生の頃「あがり症」を自覚しました。音楽の授業では，みんなの前で歌う歌唱試験があります。ここでオペラの日本語訳を歌うことになったのですが，終わってから友達に「声が震えてたね」と笑いながら言われました。屈辱。学科の定期試験でもシャープペンシルを持つ手がいつも震えていたことを覚えています。このあがり症は，社会人になっても変わらず。広告会社のコピーライターは，自社の企画をプレゼンする，大勢の得意先の前で話すことも重要な仕事です。なまじあがり症ゆえ，終わってから後悔ばかり。アナウンス学校に通って人前で話

す訓練をしようか，などと思い詰めたり，あがり症克服は長年の課題でした。そんな筆者が，若き日の自分にも教えてあげたいのが「自分キャッチコピー」です。特に，落ちまくった就職試験の面接対策で使わせたい。

　自分が「何者」かを，聞き手に分かりやすく，記憶に残りやすく伝える。受験・就活の武器になる。人生に効く。「自分キャッチコピー」を，ぜひ多くの皆さんに活用してほしいのです。

自分キャッチコピーのツボ②

「伝える」と「伝わる」は別物，という意識を持つ。

❸「自分キャッチコピー」を受験・就活で使えば 効果絶大な理由

☐ 面接の敵は「ダラダラしゃべり」

　緊張しても，自分を良く見せよう，自分を分かってもらおうという気持ちはしっかり存在します。するとどうなるか。**言葉数が増えたり早口になったりします。「緊張型ダラダラしゃべり」**です。筆者は採用試験の一次面接官を務めた経験がありますが，そんな学生にたくさん出会いました。自分をアピールしたいがゆえに，言葉数が増えてダラダラしゃべりに陥る。せっかく実力があるのに，もったいないことです。

　頭が良くて優秀な学生にありがちなのが，**「丸暗記型ダラダラしゃべ**

り」。面接対策を用意周到に行って，想定問答の答えを丸暗記して本番に臨む。「**丸暗記型ダラダラしゃべり**」，すぐ分かります。おー，よくこれだけ暗記してスラスラ話せるもんだ。頭いいんだな，受験秀才すごいな，とは思います。しかし，「**丸暗記型ダラダラしゃべり**」は心に届かない。この人の本質は何だろう，と考えさせてしまうんです。人柄が見えないんですね。

　自分を実力以下に見せてしまう「ダラダラしゃべり」を防ぐ。これも「自分キャッチコピー」の役割です。自己PRを求められた時，「私のキャッチコピーは○○○です」と話し始めれば，聞き手はその意味を聞きたくなる。ツカミはOKの状態にできる。聞き手の興味を獲得できれば，その後の緊張度は下がり，キャッチコピーに紐づく話がしやすくなります。

　それとは逆に，聞き手が自分に興味がなさそうな素振りをすると，焦って緊張は高まります。**ダラダラとしゃべられると，聞き手は「この人は何が言いたいんだろう」と考えながら聞くことになります。それは脳が疲労する。結果，話し手への好感度も下がります。**後はどうなるか。どんな結果が待っているか。想像はつきますよね。

　ラジオ番組に出ているアナウンサーのしゃべりに注目してみると，「話が聞きやすい，分かりやすい」とはどういうことかに気づきます。まず，例外なく「ダラダラしゃべり」をしない。ついしゃべりすぎたとしても，一文を短く話しています。そして，パートナーが相槌やツッコミを入れやすい隙間をつくっている。これは訓練を受けたプロだからねー，と片づけるのは機会損失です。一般人でも真似をできるポイントがあるはず。お気に入りのラジオ番組を見つけて，継続して聞いてみるのがお勧めです。英語のリスニング訓練のように，聞きやすいしゃべり方のリズムや間合いがいつの間にか身に付くと思います。ちなみに筆者推奨のアナウ

ンサーは，ABCラジオ『おはようパーソナリティー小縣裕介です』の
小縣アナ。ラジコを使えば，全国どこからでも聞けます。短い一文，隙
間づくりの名手です。

☐ 志望動機・自己PR文の敵は「ダラダラ書き」

「自分キャッチコピー」の活躍場所は，面接だけではありません。履
歴書や就活のエントリーシートでも活用できます。

エントリーシートの志望動機や自己PR文は300〜500字で書くことを
求められるようです。これが難しい。学生は苦戦しています。優秀な学
生でも，つい「ダラダラ書き」をしてしまう。

「ダラダラ書き」は別の言い方をすると「一文が長い」ということで
す。筆者は大学院時代，一文が長い論文にやたらと遭遇し辟易しました。
一文が8行に渡るなんて当たり前。これは学術的に見せるお作法なのか
もしれない。郷に入れば郷に従えだ，とあきらめました。きっぱりとあ
きらめた理由は，「三嶋さんの文章（論文）は，雑誌やエッセイを読ん
でいるみたい」と先生方に指摘されたからです。筆者はコピーでも書籍
の文章でも，読み手へのホスピタリティー，すなわち読みやすさを意識
していますが，ほう，なるほど。それは余計な気遣いなんだ。内心で逆
ギレしながら，論文のお作法に合わせてなんとか6万字を書き上げまし
た。

おっと，脱線恨み節が長くなりました。論文ならいざ知らず，履歴書
やエントリーシートで一文がやたら長い「ダラダラ書き」で得すること
は何もない。読み手へのホスピタリティーを考えた文章，読み手に脳疲
労を起こさせない文章が良いに決まっています。

著名な文豪の小説では，長い一文によく出会います。それは文豪だか

ら成立している。我々一般ピープルは,文豪に右へ倣えしてはいけません。

□ 「要約力」を身に付けられる「自分キャッチコピー」

「ダラダラ書き」に漏れなく付いてくるのが「無要約」。要約力のなさです。字数制限があるSNSが登場した時,国民の要約力は向上するのでは!ダラダラ書きが減っていくのでは!と期待しましたが,そう簡単にはいかなかった。SNSでは小さなスマホ画面で読ませることが多いのに,やたら長い文章を送ってくる人が次々誕生。おっと,そういう人は珍しくないから,あまり批判できませんね。

「自分キャッチコピー」の課題制作でも,つい長いキャッチコピーをつくってしまう学生がいます。キャッチコピーが文章になっている。その場合,「文章ではなく文。一文にまとめましょう」とアドバイスします。自分の個性や強みをひと言にまとめる。言うは易しで難しいですよね。その難しいことに立ち向かう,「自分キャッチコピー」としてまとめる。そのプロセスで「要約力」が身に付いていきます。それも「自分キャッチコピー」の価値。1粒で2度おいしいわけです。

◖自分キャッチコピーのツボ③

ダラダラしゃべらない。ダラダラ書かない。

コラム　コピーは着飾りと誤解していた！

　コピーライティング講座を受講する学生が初期の頃につくるコピーは，言葉遊びのオンパレードだ。受講終了の学生がこう振り返る。

　「コピーは着飾った言葉でつくるものだと思っていました。だから私の自分キャッチコピーも『#フリー素材人間』という訳の分からない言葉になってしまいました。『あなたってフリー素材みたいだね。何にでも使えるから』と言われたことが印象に残っていて，そのまま使ってしまいました。でも，今は違う表現で自分キャッチコピーをつくり直したいです」

　フリー素材という例え自体は悪くないと思う。ただ，コピーシンキングのプロセスを忠実に踏んでいないため，言葉遊びに終わってしまった。本人のコメントで言うところの「着飾った言葉」である。コピーは着飾りでなく「気づき」。何に気づくか，何を見つけるか。それは「自分キャッチコピー」に限らない，コピーライティング全体を貫く奥義である。
　別の学生は「気づき」について，このように理解したと語っている。

　「自分キャッチコピーをはじめ，講座ではキャッチコピーをいくつかつくりました。コピーをつくる過程で『気づき』が大事だと原先生がおっしゃっていたのが印象に残っています。どんなに小さくても，私の『気づき』を掘り下げることで得る学びがあることを体験することができました。『気づき』はその人だけのものだと思います。私だけの『気づき』を大切にした結果，今の自分につながっているのだと感じています」。

　その人だけの「気づき」に正解・不正解はない。そのため，地味に見える気づきもある。学生はなぜか地味な気づきを好まない。授業中，「これが気づきだよ！もうコピーが出来ているよ！」と何度叫んだことか。その積み重ねにより，学生は自分の「気づき」に自信を持ち，着々と成長していった。
　「気づき」に自信を持とう。就活は「気づき第一主義」でいこう。なぜか。それは，「気づき」こそ自分の言葉になるからだ。就活マニュアルをコピペした文章は，面接官に響かない。スマホ検索しても答えは見つからない。

原田真二さんの『MARCH』という曲にこんな歌詞がある。**「自分だけのものを/自分のかたちで/自分以外のために」**（引用：原田真二『MARCH』作詞・原田真二）。震えるなぁ，名言。これ，就活の応援歌になる。エントリーシートの自己PRや志望動機で求められていること，そのもの。学生には，自分だけの「気づき」を大事にした「自分キャッチコピー」で，目指す世界へ羽ばたいてほしい。

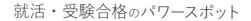

就活・受験合格のパワースポット

コピー之守神社

勉強に疲れたら、このページでひと休み。合格をお祈りください。

絵馬には志望する会社や学校名をお書き下さい

第 2 章 面接における「自分キャッチコピー」とは？

そろそろ「自分キャッチコピー」のつくり方を教えて！という声も聞こえそうですが，この章ではもう少し，受験や就活の面接に絞った「自分キャッチコピー」の価値や必要性を聞いてください。「自分キャッチコピー」をなんとしてでもつくっていただきたいので。

❶ 面接で「私は何者」かをうまく伝えられないのはなぜか

☐ 自分のことは，自分が一番分からない

亡父が生前，時々つぶやいていた言葉が，「自殺と辞職の理由は本人にしか分からない」。そこはそうかもと思います。有名人が自殺した報に接すると，結局本当の理由は分からないことが多いからです。辞職もしかり。古巣に後ろ足で砂を掛けないよう，「円満退職」という決まり文句で去っていく。しかし，その後ろ姿から本当の気持ちは分かりません。

ですが，「自分は何者か，何が強みなのか」に関しては別。大学生と話していると，自分の価値と強みは何か，当の本人が分かっていない学生が実に多い。いや，分かっていないというより，「それは大した価値ではない」と思い込んでいる。偉そうに言う筆者も分かっていません。

いや，そもそも価値なんてないと思っている。自分より優れたコピーライターもCMプランナーも掃いて捨てるほどいる。クリエイターと大学講師の二刀流もゴロゴロいる。何が自分の価値なのか，端的に語るなんて，とてもとても。

　そんな筆者ですが，他人のことはよく分かります。自分で自分の背中は見られませんが，他人のことは客観的に360度を見られます。

　キャリアコンサルタントの資格取得講座では，教育訓練給付金という厚生労働省からの助成金がもらえます。受け取るためには，キャリアコンサルタントの面談が必要。その後，「この人に助成金を出して良し」とする推薦文みたいなものを，キャリアコンサルタントが書類に書いてくれます。この文章が目からウロコ。私にはそんな価値があるんだ！全く気づかなかった！と初めて味わう喜びに感涙しました。人様にお見せするのは，なんともおこがましい文章なので控えます。しかし，この文章によって喜びを感じ，自分の価値を認識できたのは事実です。おかげで，キャリアコンサルタントの講座受講中，くじけそうな時に読み返して力をもらいました。

　何が言いたいかというと，**自分の価値を認識することで強くなれる，ということ。そのためのツールが「自分キャッチコピー」で，よりよく組み立てるには，第三者目線を入れることが重要**です。

■ 「売り物がしっかりしている」が大切なのは，芸能人も一般人も同じ

　芸能記者の中西正男さんは，「芸能人は売り物がしっかりしていることが大切」と，よくラジオ番組で話をされています。例えば，なかやまきんに君は「筋肉」。分かりやすいですね。ギャグは「パワー！」です

し。名は体を表す，のとおり，名前にも筋肉が入っている。執筆中，この年度のCM契約数はなんと13社。ここまで来るのには，苦悩しながら長く時間がかかったと推察しますが，『なぜ，この芸人は売れ続けるのか？』という著書をヒットさせた中西さんが断言しているから間違いない。売れる芸能人は「売り物がしっかりしている」。異論ありません。

同時にそれは一般人も同じ。特に**就活の面接では，「この人の売りは何だろう」「どんな風に我が社に貢献してくれるんだろう」，そういう目で面接官は受験者を見るわけです。**しかも，初めて会って短い時間で判断しなければならない。売りがしっかりハッキリしていることは，面接においては最低限の必要事項と言えるでしょう。

大学で教えていると，**すぐに名前と顔を記憶できる人には分かりやすい特徴があります。それは外見ではなく，筆者の場合「長所や得意」がハッキリしている学生。つまり「売り」がハッキリしている人です。**例えば，小さいころから鼓を続けている学生。同じ楽器でも，レアな鼓と聞くだけで印象に残り，子猫サイズな筆者の脳みそにもしっかり残ります。珍しいお稽古やスポーツ経験がなくても大丈夫。授業で必ず挙手する学生も記憶に刺さります。しかも好感度も上がる。

就活の面接では，１日に多数の人と向き合うため，記憶に残すことは大切です。悪目立ちさせた記憶は逆効果ですが，真摯な姿勢を担保していれば，「売り」をハッキリさせて記憶に残すことは，どんな面接官に対しても有効です。

□ 「自分マーケティング」で自分を価値化してポジショニング

後ほどお伝えする「自分キャッチコピー」のつくり方では，筆者がキャリアコンサルタントからもらった言葉のような，第三者目線も取り

込める仕組みがあります。すでにお伝えしたように，自分のことは自分が一番分からないので，「誰かに聞く」ことをシステム化しています。さらに，**自分を商品と考えて，飛び込みたい就職先や業界というマーケットで，自分はどんな価値があるか，ライバルと差別化できるか，を考察する。**このプロセスを筆者は「自分マーケティング」と名付けました。

　自己プロデュースと意味は同じですが，「自分マーケティング」はライバルとの差別化がポイント。座れる席は1つ，と考えるのです。

　競わせない，順位を付けない，いろいろあってみんな良い，な教育を受けてきたZ世代は，この「自分マーケティング」に違和感を覚えるかもしれません。その場合，無理に取り組まなくてもよいです。「自分キャッチコピー」をつくるだけでも，十分に「売り」はハッキリできます。「売り」がハッキリすれば，自分が「何者」かもスムーズに伝えられるはずです。

──● 自分キャッチコピーのツボ④

私は何者＝「自分の売り」をハッキリさせる。

❷ 「して差し上げる精神」を装着しよう

■ 「私が，私が」では，人生の調子が悪くなる

　筆者は40歳の時，いわゆるヘッドハンティングで今の広告会社に転職しました。それまで勤めていた会社が嫌になったわけではないので，不

安でいっぱいでした。転職直前，高校の先輩にその不安を吐露しました。「新しい会社には，私より優秀なクリエイターがたくさんいて。だから私も早く広告賞を取らなきゃ，と焦っています」。すると先輩は，「そんな気持ちでは，新しい会社でうまくいかない」と断言するのです。あなたが新しい会社で必要なのは「して差し上げる精神」だ，と。

「して差し上げる精神」。先輩は国語の先生で，かつ高校では文芸部に所属していたので，伝え方に表現力があります。筆者も部活は文芸部でしたが，こんな育ち方はしなかった。人間の出来が違う，としょぼくれていたら，先輩は「私も通った道」だと。書道をずっと続けていて「賞を取りたい，取りたい」と師匠にガツガツ詰め寄っていたそうです。賞を取りたい一心で，「私ファースト」。家族そっちのけで努力したものの，一向に目指す賞にたどり着けない。ある時，これではいけない，家族や子どもに尽くそう，という気持ちに目覚めたそうです。そして，**師匠にも職場にも，あらゆる人間関係で「して差し上げる」を意識したそうです。「私が，私が」を捨てて，生まれ変わったわけですね。そうすると，「あっけなく目指す賞を頂けた」とのこと。**このお話に力をもらいました。才能のなさに，遅い転職に今更クヨクヨしても仕方がないこと。でも「して差し上げる精神」を今から身に付けることは，間に合うかもしれない。

先輩から受け取った「して差し上げる精神」。この言葉は，年齢がいってからの転職において，お守りのように筆者を支えてくれました。「して差し上げる精神」が身に付いたかどうかは，微妙ですが。

☐ あがり症も「して差し上げる精神」を意識しよう

面接で緊張してしまう。いろいろ覚えてきたのに，頭が真っ白になっ

てしまう。結果,「緊張型ダラダラしゃべり」に陥る。緊張の原因は人によりけり,いろいろあると考えられるのですが,筆者のあがり症の場合,根が完璧主義だから。**完璧主義だとどうなるか。失敗しちゃいけない,相手から良く見られたい,こういう気持ちが根底で寝そべってしまう**のです。

もうお分かりですね。この気持ちに「して差し上げる精神」は,どこにもありません。「相手から良く見られたい」なんて,その最たるもの。お恥ずかしい限りです。

あがり症と完璧主義はセットである。そう確信したのは,大阪の朝日放送テレビアナウンサー・柴田博さんとの会話でした。

筆者は,ABCラジオのPodcast『未定年図鑑』に出演しています。定年を控える40代〜50代に向けて,どんな準備をしてほしいか,をお届けする情報系コンテンツです。素人しゃべりながら,なんとか多くの皆さんに聴いて頂けているのは,共演の朝日放送テレビ・小縣裕介アナが引っ張ってくださるから。そして,ゲストのお力です。この番組にゲスト出演して頂いた柴田さんのお話は,「あがり症と完璧主義はセット」のエビデンスになりました。

柴田さんはアナウンサーになって初めて「自分はあがり症」と気づいたそうです。え？有名な放送局のしかも難関のアナウンサー試験を勝ち抜いた人があがり症？まさか。しかし,あがり症を自認する柴田さんは,とある先輩筋の方からこう言われていました。「柴田はいつでも新人の初心に戻れる」と。これはラジオ番組における愛あるいじりではあるのですが。55歳のベテラン・アナでありながら,「新人の初心」ってどういうことだろう。そこで筆者はラジオ放送で柴田さんのニュース読みを追跡してみました。確かに55歳とは思えない,一生懸命で初々しい感じ。そうか,あがり症は完璧を目指すことで,一生懸命がにじみ出るんだ。

柴田さんのあがり症は，筆者と違って好感が持てます。

　さらにあがり症を自認する柴田さんは，Podcast『未定年図鑑』を聴き，すぐに拙著『未定年図鑑』を購入してくださいました。なんと，ありがたいこと。その上，付箋を付けまくり，マーカーを引きまくりで，書籍はまるで浪人生の参考書のよう。これ，完璧主義の証ですよね。でも柴田さん曰く，「完璧主義というより，良く見られたいという心理」とのこと。それ，筆者も同じです。

　しかし，「良く見られたい」も完璧主義と同じく自分目線。あがり症をなんとかしたいなら，自分目線の逆＝相手目線の「して差し上げる精神」を意識すると，マインドが変わってくるのではないでしょうか。

■ 面接におけるあがり症を克服するために

　あがり症で悩む人への提案は「して差し上げる精神」の装着です。仮説を立てたいと思います。

　完璧主義の根底に，人から良く見られたいという気持ちがあるとすれば。相手を思う「して差し上げる精神」を装着すると，人からの見られ方を気にする気持ちは霞み，あがり症が軽減するのでは，という仮説です。気持ちの矛先が，自分目線でなく，相手へのホスピタリティーが第一になれば，気持ちが少し楽になる。相手ファーストだから，結果は二の次。結果を気にしなければ，失敗したらどうしようという恐怖もなくなります。

　オリンピックで選手がよく言っているのは「楽しんできます」。国のお金で遠征しているのに，楽しめるんだ！と思っていました。しかし，これは，「メダルを取れなかったらどうしよう」と結果を気にして緊張するのを防ぐために脳を騙す高等テクニックかもしれない。その結果，

国民を喜ばせるメダルを獲る。なんとも回りくどいですが，この「して差し上げる精神」，面接におけるあがり症克服のヒントになると考えます。

「して差し上げる精神」で，
結果第一の完璧主義を脱ぎ捨てあがり症を克服。

❸ 好感度を上げたいなら「自分キャッチコピー」が効く

☐ 面接で「感じがいいな」と感じさせる人は，どんな人？

どこかで売っているなら買いたい，好感度。筆者は好感度，ほぼゼロです。嫌われ度はほぼ満点です。

その点❷で話した朝日放送テレビ・柴田アナと小縣アナは好感度と愛され力がどちらもチョモランマ級に高い。柴田アナは，「いつでも初心に戻れる才能」といじられていましたが，これ柴田さんへの愛の証。筆者も初めてお会いしたにもかかわらず，「いじられていましたね」なんて，すっと言えた。みんなが安心して話せる不思議な吸引力を持った方なんですね。

筆者とPodcastに出演中の小縣アナは，『おはようパーソナリティー小縣裕介です』の文字どおり看板アナ。番組は先代の道上洋三さんから数えて55年も続く，同局の看板番組です。聴取率も高く，それはすなわち

小縣さんがリスナーから愛されているということ。

　そんな柴田アナと小縣アナが共通して装着しているのは，**愛され力と並んで「しゃべらせ力」**。小縣アナはPodcast『未定年図鑑』で，オフエア（マイクを切っている状態）の時でも，なんやかんや筆者にしゃべらせて同調のリアクションをくれます。高校時代の部活（文芸部）の話をすれば，「その頃から文章を書くのが得意だったんですね」とか，気持ちよく返してくれて，つい部活のエピソードを話してしまう。「いけない，いけない，自分のことしゃべりすぎた。『私が，私が』になってしまったかも」と後悔するほどです。そして同時に残るのは，「小縣さんって感じいいな」。

　柴田アナの場合，こちらが何を話しても，大きくうなづき，大きく笑う。大した話，してませんよ。でも大きくうなづき，大きく笑ってくれる。そして筆者に残る気持ちは，「柴田さんって感じいいな」。

　柴田アナや小縣アナのように，**面接でも理屈抜きで「感じいいな」と聞き手に思わせること**を視野に入れたいものです。

☐ 面接では，「相手にしゃべらせる」を意識する

　しかし，面接は自分をアピールする場。「こちらがしゃべらなきゃ話にならない」と思いますね，ふつう。しかし，ここで「して差し上げる精神」を発動させてください。面接官は１日に何人の学生と向き合うのか。丸１日，面接を行うのか。似たような受け答えばかり聞かされているのでは？そう，似たような受け答えばかりかはともかく，長時間「聞かされている」のです。

　筆者は，かつて上司から**「聞くは理性，話すは本能」**と教わりました。本能だから，人は誰しも自分が話したい。しかし，面白くなく情報性も

ないかもしれない人の話を聞くには理性が伴う，と言うのです。意識はしていないけれど，確かに他人の話を聞く時，「しっかり聞かなきゃ理解が遅れる」とか「感じ悪く思われるかも」という理性が発動されている。だとすれば，面接官はずっと理性を保ちながら，何人もの学生と対峙していることになります。

　そんな面接官の本能に働きかける，面接官にしゃべらせてあげる。「逆質問するってこと？」。それは断じて違います。「逆に聞きますが」なんて言ったら，ケンカを売っているのも同然。そういうことではありません。逆質問は絶対にやってはいけません。

□ 「自分キャッチコピー」は相手をもっと知りたい気持ちにさせる

　では，面接官にしゃべらせる，とはどういうことでしょうか？コピーライティングの講義で学生によく言うセリフが，「ほんで，ほんで？を引き寄せよう」。あ，標準語に訳すと「それで，それで？」です。**「ほんで，ほんで？力」の構造自体は簡単なんです。聞き手が興味を持つであろうことを話して，その内容をもっと深掘りしたくなる状態をつくること。**しかし，これこそ言うは易し行うは難し。

　そこで「自分キャッチコピー」の出番です。「私のキャッチコピーは〇〇〇です」と言われたら，考えられるリアクションはいろいろ。面接官とのやりとりを想像してみます。

　　就活生：私のキャッチコピーは，〇〇〇です
　　面接官：え？キャッチコピー？それは，自分で考えたんですか？※1
　　就活生：はい。『自分キャッチコピー』という本で勉強してつくりました
　　面接官：ほう，それはすごい。読書家で勉強家なんですね。**私なんか本**

22

を読む時間がなかなか取れなくて※2

就活生：**お忙しいんですね。**※3私はまだまだ勉強中の身なので

面接官：最近読んだ本で何が面白かったですか？？

就活生：そうですね…

　想像なので，都合のいい脚本になっています。しかし，「私のキャッチコピーは，」という切り出しは，自分だけの表現になる。絶対に予定調和にはならないから，「ほんで，ほんで？」と面接官の興味を喚起出来るはず。それが※1のリアクションです。本を読む人も残念ながら減少傾向だから，※2のような反応がもらえるかもしれません。そして，「して差し上げる精神」の発動です。※3は「して差し上げる精神」が付け焼刃ではなく，普段から意識して行動に移していないと出てこない言葉です。が，言われたほうはうれしい。さりげない短い言葉だけれど，思いやりが感じられます。そして残るのは，この就活生に対する「感じいいな」。

　そんなに都合よくいかない。そう思っても構いません。しかし，たくさんの人を面接する相手に対する「して差し上げる精神」を身に付けておくだけで，あなたの「感じがいい何か」が伝わるはずです。

　この「感じいいな」を引き出す発端になりうる「自分キャッチコピー」。つくって損はありません。

● 自分キャッチコピーのツボ⑥

「感じいいな」の人になるために，
「自分キャッチコピー」をつくろう。

❹ 面接における「ツカミ」って，どんなこと？

☐ 変わったことで笑わせるのが「ツカミ」ではない

　大学の授業では，学生がどんどん発表やプレゼンができるよう工夫しています。さらに，キャリアコンサルタントの訓練で培った傾聴力と質問力を駆使し，学生の発表後に必ず何か質問をします。これ，実は就活の面接対策。**初対面の人からの質問にスラスラ答えられるわけがない。日頃からみんなの前で発表・発言し，教員の質問に即座に答えるのは，面接の良い練習になります。授業で機会があれば，ぜひ自ら進んで発表してください。発表しないことは機会損失だ，と考えてください。**最初は恥ずかしくて何も話せなかった学生が，回を重ねると肝が据わってくる。そして楽しく発表するようになります。こちらが当てなくても挙手してくれるようになり，授業は盛り上がり，居眠りはゼロです。

　そんな学生の発表で時々，「ほう，なかなかのツカミですね」と思わずリアクションすることがあります。この場合のツカミは，お笑い芸人の話芸におけるツカミと似ているけれど，ちょっと違う。トリッキーな言葉を繰り出したわけでも，面白いことを言ったわけでもないのです。では，なぜだろう。筆者はどんな言葉に「ツカミ」と反応したのか。出身地または居住地を自己紹介風に教えてください，というお題で「おー，ツカミやなぁ」とリアクションしたのは，次の3つです。

　　「博多だけ住んだことない福岡出身です」
　　「10年間だけ都だった長岡京市在住です」
　　「人口が増えている大津市在住です」

なぜこの3つにツカミを感じたのだろう。ハッキリしているのは，大爆笑したからではない。3つのコメントの共通点は，「知らなかった！」です。福岡と言えば，すなわち博多とイメージする自分を知らなかった。長岡京市が10年間だけ都だったなんて知らなかった。自治体はどこも人口減が当たり前なのに，大津市では増えているとは知らなかった。**知らなかったことを話の冒頭に振られると，それは「ツカミ」になる**，ということに気づきました。3人の学生はいずれも熱心ですが，特に弁が立つというわけではありません。そんな人でも「ツカミ」は繰り出せるのです。

□「ツカミ」は，ハッとさせる発見言葉

面接でツカミを言うような余裕はないかもしれませんが，**ダラダラと話すのではない，話し始めの「ツカミ」は面接でもあったほうがよいで**しょう。たくさんの学生を面接するのは，かなりしんどいものです。筆者も就活生の面接を経験しましたが，朝から夕方まで，1日中の面接はかなり体力を奪われます。男性も女性も似たようなリクルートスーツを着て，似たような質疑応答を繰り返す。そこは，どの企業，どの大学も大差ないと思います。1日中面接という，まったりとした時間の流れの中で，話にツカミがある学生に出会うと，強く心に残ります。

「知らなかった」と面接官に思わせる話のネタ，あなたにはありますか？面接官がハッとする，発見と思える何か。大げさに言うと，時間とともに疲れが溜まっていく面接官に，感動というホスピタリティーを贈る，そんなツカミです。

筆者が学生の自己紹介でハッとしたジャンルをまとめてみました。ツカミを考える際の参考にしてください。

ツカミの可能性を秘めた領域・11選

【学問領域】	【生活領域】	【生育領域】
・珍しい学問	・少し珍しい趣味	・出身地
・好きな本	・好きなミュージシャン	・居住地
・長く続けている習い事	・毎日の生活習慣	・兄弟，姉妹
	・生活におけるこだわり	・親との関係

☐ 序・破・急の「序」を意識して話す効果

　能楽の巨匠・世阿弥の書『風姿花伝』で論じられているのが，「序・破・急」。もともとは雅楽における曲を構成する3つの部分を指す言葉ですが，世阿弥は，それを芸道全般に通じることと論じています。筆者は序・破・急という言葉を知ってから，あらゆる領域で使っています。広告企画のプレゼンテーション，大学の授業展開，講演，学生時代にさかのぼれば，演劇の台本，音楽の作詞など。

　現代の日本では，演劇などの四段構成（起承転結）に対する三段構成を指す概念として用いられています。「序」は序章，始まりを意味し，「破」では話を展開させて，「急」で一気に盛り上げ，クライマックスに持っていって締めくくります。日本で長きに渡り伝承されてきた序・破・急は，人の心に深く刺さる概念であり，手法と考えられます。ならば，面接に取り入れない手はありません。

　序・破・急は，自己PRや志望動機を聞かせてください，というお題の時，「序」を意識すれば，話は進んでいくと思います。もちろん序・破・急すべてを意識できれば素晴らしいですが，それはとても難しいは

ず。なので，「序」だけ。「序」をツカミとして表現できれば，面接官は興味を持って話を聞いてくれるはずです。ツカミがないと，話にメリハリがなくなり，「結局，何の話？」という後味を残してしまう。それは損ですね。

　ちなみに筆者は起承転結より，序・破・急のほうが好きです。小学校では作文の授業で起承転結と習いましたが，4段階より3段階のほうがシンプルで，組み立てやすいのです。話もしやすいです。「話しやすい」は，聞きやすいということ。面接のツカミ，研究してみてはいかがでしょう。

自分キャッチコピーのツボ⑦

「ツカミ」を意識すると，興味を持って聞いてもらえる。

コラム　私はこうして就活の面接，失敗しました

　「話を詰め込みすぎたんです。落とされた会社の面接では」。そう語るWさんは文系の大学4回生。その年の8月に希望していた新聞社系の広告会社の内定を獲得した。しかし，内定を得るまでの道のりは決して楽ではなかったと言う。全部で30社ほどエントリーして，面接までこぎつけたのは4社，初期の面接では落とされ続きだった。

　「失敗面接の理由はいくつかあるんですが，ひとつは話を詰め込みすぎたってこと。ガクチカは何か，を質問されて，大学生協でのインターンシップのことを話したんですが，珍しい経験の前提条件を伝えきれなかった。初めて会う人，違う立場の人と話すときは，あれもこれも詰め込んでも伝わら

ないですね。私が知っていても，面接官が知らないこともあるし。短い時間で，会話にならないまま，緊張し続けて試合終了，って感じでした」

　なるほど，ガクチカを聞かれて，バイトやサークルの話をしてもありふれていて，面接官に「またか」と思われるかもしれない。かと言って，Wさんのように珍しい経験を話そうとすると，その概要を伝えることは難度が高くなる。経験した事柄のポイントを整理するには，コピーライティングと同じ力量が必要になる。そこでWさんは，コピーライティング講座で学んだ「自分棚卸し」を思い出し，実行した。出来事を並べるだけではなく，その時の気持ちや感じたことまで棚卸しをした。その作業により，何が「自分の売り」につながるのか，が見えてきた。

　「内定につながった面接は，落とされた時と様子が全く違いました。私が１人でしゃべるだけではなく，面接官と会話のキャッチボールができたんです」

　落とされた面接ではWさんが一方的に話していた。そこに面接官が時々「はぁ，そうなんですね」と相槌を入れる。苦しい展開だ。それが一転，内定の出た面接では会話が成り立った。言いたいことを絞ることは難しいけれど，「相手がどうしたいのか，何を求めているのかを考えれば，見えてくるものがあります」なんとそれこそ，筆者がコピーライティング講座で毎回叫んでいた「して差し上げる精神」だ。
　教室を飛び出し，リアルな就活で活用された「して差し上げる精神」。Wさんにしっかり「して差し上げる精神」が定着して，内定の役に立ったのなら，これほどうれしいことはない。社会人になっても，「して差し上げる精神」の権化として，活躍してほしい。

第 3 章 志望動機における「自分キャッチコピー」とは？

❶ その志望動機に「生き方の方針」はあるだろうか

□ なぜ，志望動機が似たり寄ったりになるのか

　就活や転職活動においては，面接の前にまず書類審査があります。ここを通過しないと，面接には進めないことが大半です。筆者はコピーライターであり，キャリアコンサルタントの有資格者ですので，学生からエントリーシートの志望動機や自己PRを見てほしいとよく頼まれます。学生は切羽詰まって筆者の扉を叩くので，しっかりと読み込みます。そこで気づいた**志望動機に共通する特徴は「どう生きるかの方針がない」**。方針は言い換えると，核とか幹です。幹がないまま枝葉ばかり生やしている。枝葉とは，この場合「入社した暁には〇〇〇な仕事をしたい」です。これが宙に舞う葉っぱのように，薄っぺらく感じる。そもそも，生まれて20年ちょっとの学生が初めて社会に出るにあたり，「〇〇〇したい」がスラスラ書けないのも無理からぬこと。たいてい，就活マニュアルからの抜き書きになり，面接官は「どれも似たり寄ったり」と感じるのも仕方ないことです。

志望動機が薄っぺらくならないために，まず「生き方の方針」を決めるべき。これは大学生に限らず，社会人の転職においても同じです。キャリアコンサルタントの資格更新講習で「まず生き方を固めるべき」と意見を述べた筆者に対して，「そんな大上段なことより，相談者が困り果てている喫緊の事柄を解決してあげるべき。生き方なんてどうでもいい」と意見された方がいました。理解できなくもないですが，筆者はそれを「木を見て森を見ず」と断定します。「木を見て森を見ず」の意味は，小さいことに心を奪われて，全体を見通さないこと。相談者の悩みは小さなことではありません。が，その悩みがいかなるものでも，全体や先々の人生を見通した上での解決方法であるべきと筆者は考えます。先々を見通した「生き方の方針」に沿った解決方法は，付け焼刃ではなく骨太の解決になる，と。

■「君たちはどう生きるか」と問われて，どう答えるか

　志望動機も同じです。吉野源三郎先生の有名な著書『君たちはどう生きるか』。この問いかけに皆さんならどう答えられますか？ 10代・20代の若い方々はなおさらですが，すぐに答えは出てこないと思います。しかし筆者は，「どう生きるか」こそが志望動機に反映されるべきと考えます。

　世の中の真理を装着するためには，自己中心的な考え方ではなく，自分を世の中の構成員の1人とみなした俯瞰的な視点が重要と同書は説きます。この考え方は就活にも必要ではないでしょうか。自己中心的に希望する会社でやりたいことを書き連ねて，読み手の心に気持ちよく届くでしょうか。特に，希望に満ちた（ふりをしている？）大学生の志望動機にありがち。あんな仕事，こんな仕事を熱量高く書き綴る。それより

は，世の中の構成員の1人として，自分は何が出来て，どう貢献できるのか。そんな「生き方の方針」を固めた上での志望動機は自己中心的ではない，希望する会社への「して差し上げる精神」に満ちた文章になるはずです。

□ 「生き方の方針」を定めるための「自分キャッチコピー」

「生き方の方針」を定める。そう言われても困りますよね。この原稿の執筆時に総理大臣だった岸田氏は，「聞く力を大事にします」と方針を宣言しました。私たちもこの言葉のように分かりやすく伝わるよう発信したい。

ここまで読んで，「生き方の方針」も「自分キャッチコピー」もつくるなんて無理かも…と思った方。自身の価値観において「どっちを優先？チェック」をやってみてください。

どっちを優先？チェック

□お金   or   □生きがい（趣味）

□安定   or   □冒険

□職場   or   □家庭

□仕事   or   □自分時間

□出世   or   □マイペース

□個人   or   □友人

□社会貢献   or   □家族貢献

□インドア   or   □アウトドア

□忙しい   or   □ラク

筆者の場合，いわゆる出世には興味がないので，それ以外は左側に✓が付きます。そう，お金は大事。人は霞を食べて生きていけないので，しっかり働いてお金を頂く，貯金もする。そういう堅実な人です。こうして俯瞰してまとめると，筆者の「生き方の方針」は，「安定した仕事に邁進しながら社会に役立つよう生きていく」ということ。特に，筆者にとって重要な優先事項は「社会貢献」だと思いました。今，本業の広告制作と並行して大学で教えています。これは社会貢献と言えますが，先々の定年後はもっと別な社会貢献があるかもしれない。ボランティアもありですが，社会に直接的な役立ちをする仕事に就くこととか。例えば，教員不足で困っている中学校の講師になるとか。おー，これはご時世的に役立ちそう。

　こんな感じに，「どっちを優先？チェック」だけで，ざっくりと「生き方の方針」が俯瞰できました。できれば，ここから「自分キャッチコピー」に進化させてほしい。なぜなら，「安定した仕事に邁進しながら社会に役立つよう生きていく」は記憶に残らないからです。方針を意識して生きていくためにはもっと手短な言葉がいい。桃太郎がお腰に付けたきびだんごのように，携帯しやすい言葉がよいです。そんな言葉を生み出すために，次の章でお話しする「自分キャッチコピー」のつくり方まで，ぜひともお読み頂きたいと思います。

●自分キャッチコピーのツボ⑧

「自分キャッチコピー」は「生き方の方針」を骨太にする。

❷ 50代の未定年に頻出「何をしたいか分からない」

☐ 会社好き・仕事好きに多い「何をしたいか分からない」

　筆者は，『未定年図鑑〜定年までの生き方コレクション〜』という書籍を執筆するにあたって，さまざまな人にヒアリングを行いました。その中で散見された意見は，**「早くから定年後の準備をすべきなのは分かるけど，この仕事以外に何をしたらいいか分からない」。これは幸せなことではあるけれど，人生100年時代に70歳まで働こうとするならば，ネクストキャリアに向けた準備にあたっては，ちょっと困ったこと。**

　実は，これは筆者と同業のコピーライターやCMプランナーに多いパターンです。「定年後もこの仕事を続けたい」。もちろんその思い自体は否定しません。定年後もこの仕事を続ける，その就業形態は，大きく2つあります。パターンAは，定年延長して同じ会社で広告制作を続ける。パターンBは，定年退職して，フリーランスでクリエイティブディレクターやコピーライター・CMプランナーの看板を掲げる。これ，どちらも問題が生まれます。

　パターンAでは，モチベーションの維持が難しい。後輩から煙たがられ仕事が回ってこない。パターンBでは，独立当初こそご祝儀仕事に恵まれるけれど，時間が経つと思うように仕事が入らない。若い人にとって大先輩と仕事をすることは面倒くさい気持ちもあります。かつての管理職気分が消えず，指導や命令口調になってしまうと最悪。二度と声はかかりません。それはパターンAでも同じです。

　少ないながら，パターンCもあります。定年退職後，別の会社から声がかかる。広告会社のクリエイターの場合，長年のお仕事を協業してい

た協力会社（プロダクション）から「定年されたらうちに来て」と言われるパターン。しかし，これは現場仕事ができるクリエイティブの実力に加えて，「愛され力」，つまり人柄が必要。

　Ａ〜Ｃ，どれも少しずつ難あり，と考えると，「ネクストキャリアに向けて別の仕事」を探ることになるのですが，「何をしたいか分からない」。そして，「好きな仕事を続けたい」に戻って堂々巡りです。

□「好きな仕事を続けたい」は本当に好きなこと？

　「好きな仕事を続けたい」。もちろん，その希望が叶うことに異論はありません。職人系の方が100歳になっても同じ仕事を続けておられる話，素直に素晴らしいと思います。

　しかし，いろんな方から相談をされる「好きな仕事を続けたい」については，「それ，本当に好きなの？」と疑惑を持ちます。筆者は疑り深く，妄想癖が過ぎるのですが。「好きな仕事を続けたい」って，「新しいことから逃げている」のかもしれない。

　と言うのは，脳科学によると，脳は同じことを繰り返し行い，効率的に処理しようとする。言い換えると，習慣化されたことに甘んじてしまう，ラクしようとするそうです。脳は怠け者なんですね。だから，新しい何かを行うことは脳にとって大切なのに，なかなか行動に移せない。長年続けてきた仕事が習慣化している。無理もないです。脳が安心するのだから。しかし，脳科学的には，環境や刺激を変えて脳をリセットし，神経回路を再構築することは，ポジティブに生きるためには大切だそうです。

□ 「好きなこと」は日常の岩陰に隠れているかもしれない

　脳のメカニズムにより，**習慣化された仕事や日常を疑わない中で，「好きなこと」が埋もれているかもしれません。あるいは仕事や家庭の雑事に忙殺されていて，忘れてしまっているとか。**

　筆者が出演するABCラジオPodcast『未定年図鑑』で，ゲスト出演して頂いた朝日放送テレビアナウンサー・柴田博アナ。定年を控えた55歳の柴田さんと向き合い，キャリアコンサルタントとしてお話を聞く中で，人生の忘れ物が見つかりました。それは「地理・歴史好き」。さらにこんなやりとりで，柴田さんのネクストキャリア案が生まれました。

　　筆　　　者：柴田さんは，教員免許をお持ちですよね

　　柴田さん：はい，地理・歴史が好きです

　　筆　　　者：地理・歴史！いろいろとお詳しいんでしょうね」

　　柴田さん：好きですね！そういえば，息子が高2で地理・歴史を教える
　　　　　　　んですが，楽しかったな！！

　　筆　　　者：教員免許を持っているだけでなく，教えるのもお好きなんで
　　　　　　　すね

　　柴田さん：あ〜，そうかもしれない

　　筆　　　者：寺子屋アナ，というジャンルを目指しませんか。アナウンス
　　　　　　　部で唯一無二の存在になれば，定年後もアナウンサーとして
　　　　　　　活躍できると思いますよ。今，学校は教員不足が喫緊の課題
　　　　　　　です。教育現場のきつい労働環境を知って志望者が減ったり，
　　　　　　　退職者が増えたり

　さまざまな業界で人手不足が深刻化し，副業OKの企業は今後ますます増えると予測します。アナウンサーを続けながら，学校や塾で小さく

授業を行う。寺子屋の先生のイメージです。

またまた歌の引用ですが，ずいぶん昔に人気を博したスペクトラムの歌に「♪魂のロープをほどく時が来た」という歌詞があります。（引用：スペクトラム『Second Navigation』作詞・山川啓介）脳に刺激を与えるためにも「好きなこと」を掘り起こす。それは柴田アナのように，世の中のニーズとマッチした何かかもしれません。

●自分キャッチコピーのツボ⑨

「自分決めつけ」をやめて，魂のロープをほどいてみよう。

❸「生き方の方針」が「世の中ズレ」を起こすと生まれる弊害

☐ 自分のことだけ考えていると，人生の調子が悪くなる

「好きな仕事を続けたい」も「生き方の方針」ではありますが，弱点があります。話をじっくり聞くほどに見えてくる「自分のことしか考えていない」。いや，そりゃそうだろう，自分の人生，自分のことだけ考えて何が悪い。うーん，悪くないですが，拙著『未定年図鑑〜定年までの生き方コレクション〜』のヒアリングで発見したことのひとつが，**「他人や世の中のためを考えられる人は，人生やネクストキャリアの成功者」**ということ。言い方を変えると，世の趨勢に目を向けず，自分のことだけ考えている人は，視野が狭く「世の中ズレ」を起こして人生の調

子が悪くなる,ということです。なんてもったいない話。これ，もちろんクリエイターに限らず，あらゆる職種に渡る共通点です。

筆者が好きなオセロケッツの曲『もしかして君だけが苦しいって思ってないかい？』でなるほど，と思った歌詞があります。「♪やりたい様にやるために身勝手には絶対なりはしないよ/この歌を大切な人に」(引用：オセロケッツ『もしかして君だけが苦しいって思ってないかい？』作詞・森山公一) そうだな，「〜したい」は身勝手で失敗の入り口なんだ。やがて自分で自分を苦しめる。それでこの長いタイトルの歌なんだ，と。

50代ともなると，後輩世代を助けるという発想も必要なんですね。拙著『未定年図鑑〜定年までの生き方コレクション〜』では，54歳女性が転職に成功した事例を紹介しました。この方は，仕事の中で「人に尽くす」が自然にできていました。同僚・後輩・取引先，すべての人がこの方に「ありがとう」を言えた。54歳の女性が転職をする。正直言ってハンディがあります。いくつもの山を悩み苦労しつつも越えてみせた。その姿に学ぶなら，「〜したい」一辺倒にならない。周囲や世の中を見渡して，自分ができることを考える。「世の中ズレ」で損をしないことです。

□ 「世の中ズレ」をこじらせてうまくいかない就活・婚活

「世の中ズレ」を起こす人は，いろいろと損をしています。例えば就活中の大学生の場合，先行き暗い業界を志望してしまう。いや，いいんですよ。「その仕事に興味があるから」「好きだから」で。しかし，業界の具体名は言えませんが，世の中を見渡す，例えば新聞を毎日読んでいれば，どんな業界が成長産業か，その逆か，くらいは分かるはず。もちろん移り変わりの激しい昨今，未来永劫安泰な業界などありませんが，

「好き」と心中するような就職先は心配です。

　結婚を熱烈希望しているのに，なかなか叶わない男女。これも「世の中ズレ」を起こしている可能性があります。好まれる異性像は世の中の変遷で変わってくる。その中で，自分を変えようとしない。進化・変化に背を向けている。

　筆者が若かりし頃の昭和時代は，「はい」か「いいえ」しか言わないような，野に咲く小さな花のような可憐な女性が人気でした。だから，筆者は全くモテなかった。別にモテなくてもいいけれど，「ふざけてばかりいるアンタは，世の中ズレだよ」と，あの頃の自分に教えてあげたい。しかし，令和の現在はモテの方向が変わりました。少し気が強くて，そこそこトークが出来て，仕事もバリバリ自立している女性は総じて人気です。こんな時代の中で，男性に依存して尽くすばかり（に見える，も含めて）の女性はなかなか結婚が叶っていない。人としてとっても素敵なのに，なぜ結婚ができないのか。それは「世の中ズレ」を起こしているだけ。あなたに魅力がないからじゃないよ，と伝えたいです。

　無駄に悩んだり，へこんだりしないよう，就活・婚活において「世の中ズレ」を起こしていないか，ぜひ自分を点検してほしいです。

■　「世の中ズレ」を矯正してネクストキャリアを見つけるために

　「世の中ズレ」を矯正していく，つまり**世の中のトレンドやニーズと向き合うと，じんわり水がしみ出すように，「やりたいこと」または「やれること」が湧いてくるはず**です。湧いてきた「やりたいこと」または「やれること」は，そのまま「自分キャッチコピー」の材料になるかもしれない。

　「何をしたいか分からない」って，実は自分のことしか考えていない，

もっときつい言い方をすると自分さえよければいい，ってことかもしれません。世の中を見渡して，向き合って，「あぁ，こんな所で自分が役立つかもしれない」が見つかれば，「何をしたいか分からない」は，いつの間にか消えているでしょう。

　何をしたいかが分かれば，目指す業界もハッキリする。同時に志望動機も明確になります。しかもAIに頼ったとモロに分かる**マニュアル的な動機ではなく，自分独自の言葉で表現できるようになる。「自分の言葉だな」も読み手に伝わります。そして，じんわりと感動がこみ上げる。**前述した原田真二さんの『MARCH』の一節を再び記したいと思います。「♪自分だけのものを/自分のかたちで/自分以外のために」（引用：原田真二『MARCH』作詞・原田真二）

　AIの登場で，この歌詞が示す自分だけの言葉や表現がより重要になってきました。そんな使命を「自分キャッチコピー」は背負えると自負しています。この書籍を読んでくださっている大切なあなたのために。

◆**自分キャッチコピーのツボ⑩**◆

「世の中ズレ」を解消して，
やりたいことの輪郭をハッキリさせる。

❹「志望企業ズレ」でも損をする

☐ 志望企業と自分がズレている可能性

　世の中のニーズと自分がやりたいことがズレている可能性を❸でお話ししました。ここでは，もうひとつズレていると良くないことを話します。それは，「志望企業ズレ」です。自分のニーズが志望企業の求める人材像とズレているかもしれない，ズレている結果，志望企業に採用してもらえない，という残念な悪循環の話です。能力が原因ではなく，「ズレ」が原因で採用が叶わないなんて，もったいない話。恋愛に例えると，振り向いてもらえそうにない人に，あきらめ悪くアタックする感じです。時間の無駄，心にかすり傷を負うのはやめましょう。

　なかなか厳しい話なので，先に安心できることを言っておくと，**「自分キャッチコピー」の制作プロセスを忠実に踏むと，自分は志望するA社に向いていないけれど，B社には向いているかもしれない，ということに気がつく可能性がある。**だから，この後の話でどうか悲観しないでください。

☐ 志望企業のことを調べないとズレる

　ある大手電機メーカーの採用担当の方と話す機会がありました。仮にAさんとしておきます。大学新卒の就活生，社会人の中途採用，どちらにも共通する話として，Aさんは「志望企業のことを調べてなさすぎる」と憤慨されていました。特に新卒の就活生に多い。「なぜ，弊社を希望するのですか？」と聞くと，「ワークライフバランスをキープして働け

そうだから」「きちんと休みが取れそうだから」と答える学生が少なくない人数でいるそうです。大学には就活を応援するキャリアセンターがありますし，そういった答えが良くないことは指導しているはず。にわかに信じがたい話ですが，珍しくないそうです。

　もうひとつの信じられない話が，志望企業の基本スペックを調べていないこと。その企業は，道路や飛行場の設備を動かす部品をつくるメーカーなのに，志望動機を問われて，社名のイメージから「御社の家電製品が好きだから」と答える学生がかなりの頻度で登場するそうです。いま就活の書類はネットで提出するので，**たくさんの企業にエントリーシートを出すことができます。その弊害は，1つの企業研究を深掘りできなくなること。社名のイメージで企業を判断してしまい，よく分からないままエントリーシートを出して，面接に進んでしまう**ことが往々にしてあるようです。

　こういったプロセスにより，志望企業と自分の間に「ズレ」が生まれる。もう一度，就活を恋愛に置き換えると何が大切か分かりやすいと思います。恋愛では相手の好きな食べ物・趣味などを知りたいし，徹底的に調べますよね。誕生日には何を贈ろうか，ネット検索してあれやこれや考えますよね。そうして苦労の末，両想いになれる。リサーチと戦略が間違っていたら玉砕ですが，何もしなければ，相手の心は動きません。

　コピーライティング講座の学生から就活の報告を受けますが，「落ちました」の場合，たいてい企業選びが間違っている印象を受けます。能力や大学の偏差値のせいではない。その学生の売りと企業が求める学生像に「ズレ」があった。ただそれだけです。縁がなかったと自分に言い聞かせながら，「ズレ」に気づければベストです。

■ 筆者も経験した企業とのズレ

　筆者が20代の頃に体験した「ズレ」の話をしましょう。博報堂に入社する前，アシスタントコピーライター時代の話です。

　筆者はアシスタント生活に疲れていました。体力的にも精神的にもです。ある日，新聞の求人広告である小さな食品メーカーが広告宣伝部員を募集していました。「クライアントのほうが楽かもしれない」と安直に考えて，履歴書を送ったところ，書類審査を通過し，役員面接に呼ばれました。そこで役員の方に言われたのは，「うちに来るより，今の会社にいたほうがよい」でした。今思えば，その役員さんはとても優しい方で，ポジティブな言い方をしてくれました。が，要するにその企業の広告宣伝部の仕事はとても地道な文章作業で，「マスメディアの広告制作をしているあなたには務まらないでしょう」が言いたかったことでした。先方の仕事内容を深く理解せず，自分の今の環境がいかに恵まれているかも分からず，その結果，先方との「ズレ」を起こしていたのです。ちなみに，その企業はどんどん成長してヒット商品を生み出し，今日ではテレビCMを打つ有名企業です。さすがですね。面接で「ズレ」に気づき，筆者を落とした見る目がある役員さんがいる会社だからこそ，急成長できたのでしょう。

　何が言いたいかというと，自分のことは自分では分かっていない前提で，自己分析が必要ということ。しかし，筆者は自己分析という言い方が好きではありません。なぜでしょう，感覚的に難しいことを強いられている気がするのです。しかし，「自分キャッチコピー」の制作プロセスでは，自己分析が軽い気持ちで行えるようになっています。ぜひ第4章以降の「自分キャッチコピー」制作に取り組んでください。志望企業との「ズレ」をなくし，相思相愛になるために。

志望企業とのズレを生まないために
「自分キャッチコピー」をつくる。

コラム 「私は誰？私は何者？」をハッキリさせる安心感

「自分キャッチコピー」は就活以外にどう役立っているか。「人生に効くコピーライティング講座」と銘打っている以上，そこも気になるところ。学生に質問したところ，なかなか深い答えが返ってきた。

「自分キャッチコピーをつくりながら，自分は何者なのか，今までにないくらい考えました。そこで気づいたことは紛れもなく自分を表すものであり，自分の構成要素であり，それが私のアイデンティティとなっています。私はこういう人間だ，と言葉にすることで，自ずと安心感が生まれている気がします」

安心感，いいなぁ。それ，これからの人生でとっても大切。社会に出ると，気の毒だけど働き方改革が進んだとはいえ，いいことばかりではない。今まで見たこともない猛獣に出会うジャングル社会が手を広げている。学生時代とは全然違うジャンルの悩みにぶち当たるだろう。訳の分からないジャングルで，自分を見失わないようにする。そのために，「私はこういう人間なんだ」を明文化しておく。さらにそれがお守りになってくれることを自分キャッチコピーの授業では目指している。お守りだから，いつも身に付けておきたいね。「スマホ裏側のスペースに，油性マジックで書いておこうよ」と冗談っぽく言っているけど，あながち冗談でもなく。目につく場所に書いておいてほしい。

ただし，「私はこういう人間」の中身はポジティブであり，世の中の役に立つような言葉にすることが重要。「私はこういう人間っ！」と，開き直りや言い訳に使えるような言葉は，「自分キャッチコピー」とは呼べない。人から嫌われて会社でも社会でも孤立してしまう。困ったときに誰も助けてくれない。現にいるんですよね，そういう人。珍しい存在でもない。

　だから自分が間違った方向に行きそうなとき，正してくれる。そんな「自分キャッチコピー」でありたい。

　この学生は，さらに別の言葉でも「自分キャッチコピー」を言い表してくれた。**「自分を強くしてくれるもの」**。

　安心感に加えて，自分を強く生きさせてくれる言葉。いいなぁ。「どんなに辛くても，自ら死を選ぶことだけはやめてほしい」そんな願いもコピーライティング講座に込めているから，まさに以心伝心。

　強く生きていく中で，自分を好きでい続けることも忘れないでほしい。ジャングル社会では，弱気になることもきっとあり，強いばかりではいられない。

　人生，晴れたり，曇ったり。そんな時でも，自分を好きでいれば，自分で自分を励ますこともできるから，ね。

第4章 就活・受験に効く「自分キャッチコピー」のつくり方

就活・受験に効く
「自分キャッチコピー」の
つくり方

$$\left(\quad \text{I} \quad \begin{array}{l}\text{就活に効く}\\ \text{「自分キャッチコピー」のつくり方}\\ \text{≫ エントリーシートの場合}\end{array}\quad\right)$$

❶ ある大学生の「就活サクセスストーリー」

☐ 内定を取れる学生の特徴

　「就活，内定取れました！」大学でコピーライティングの非常勤講師を務めていて，学生からの吉報はとびきりうれしい瞬間です。筆者の講座は「就活・人生に効くコピーライティング講座」と銘打っています。コピーライターでありキャリアコンサルタントの有資格者の筆者ならではの看板。シラバスでも同じように告知しており，「就活に役立ちそう」が履修理由の学生も多いです。

　コピーライティング講座を拝命して5年になりますが，早々に内定を獲得する学生にはいくつかの共通する特徴がありました。ひとつは，教壇から近い一番前に座る。これはどこにでもある普通の話です。一番前

は熱心の証で，そういう学生は一事が万事，就活にも熱心なのでしょう。前に座る学生は優秀。他の先生からも聞く話です。

　しかし，**一番前に座る学生の特徴は熱心で優秀，だけではありません。前に座る学生とは筆者と目が合う回数が多くなります。目が合うことで生まれる「アイコンタクト効果」，これが学生に良い影響を与えています。**自分で言うのは恥ずかしいですが，教壇に立つ人はコンサートで舞台に立つアイドルと同じ見られ方をしていると感じています。教師の場合，もちろんアイドルとは似て非なる者ですが，憧れに近い感情があり，距離がある存在。「だから目が合うと学生はうれしそうにするんだ」と気づいてから，筆者は最前列の学生だけではなく，できるだけ多くの学生と目を合わせるよう意識しています。最後列の学生は遠すぎて，目が合わないし，そもそも合わせることを避けているようにも見えますが。

　「アイコンタクト効果」は，学生の承認欲求を満たします。認められている満足感と喜びにより，学習意欲も高まっていくのでしょう。そして就活も学びのひとつと前向きに捉えられる。**就活をやらされ感ではなく，「今の時期にしかできないことをやれているんだ」と思うよう，学生に呼びかけています。この呼びかけを自分ごととして受け止め，目が合う学生は，**しっかり内定を勝ち取っています。

☐ 独自の個性や視点を持っている

　さて，「内定，取れました！」と報告に来てくれた学生の話をしましょう。この学生Wさんは「気になった広告の切り抜きまたは写真を用意して，次の授業に臨む」という宿題を出してから，それ以降，毎授業前につつーっと教壇に寄ってきて，「先生，この広告見てください」と新聞広告や電車の中吊り広告の写メを見せてくれます。筆者は必ず「こ

の広告のどんな所が気になったの？」と質問します。答えにはその学生独特の視点がある。個性がほとばしる。今の時代，学生は個性による突出を嫌います。授業で「当てないでください」と教師に頼む学生もいるとか。しかし，**就活で悪目立ちはいけませんが，某かの個性は必要です。この人はどんな人で，他者とは異なるどんな良さがあるんだろう。そんなことを自然に考えながら，面接官は学生と対峙しているはず。**

　毎時間，さまざまな広告を見せにくる学生は，他者と異なる視点を身に付けていったはずです。「家がトレーニングジムになる」というWebコンテンツの広告は，価格の安さが大きくデザインされていて，「学生でもこれならできるかも」と話してくれました。「これならできる」の中身は，単に価格だけでなく，忙しくてわざわざジムに通う時間が取れないという，大学生活の繁忙の話でした。社会人は，働き方改革で時間に余裕ができた人も少なくないですが，大学生は何も変わらず忙しい。バイトを掛け持ちしながらサークル活動にも参加したり，レポートもたくさんあるし，さらに通学時間が片道2時間という学生も珍しくありません。毎時間広告を見せに来たWさんは，見事志望する広告業界の内定を勝ち取りました。

□ 自分と他者への「喜ばせ力」がある

　Wさんには，もうひとつ素晴らしい長所がありました。それは**他者を喜ばせようとする姿勢＝「喜ばせ力」があること。**人間は弱い生き物で，まずは自分が喜びたいものです。自分が好きなものを食べ，好きな服を着て，好きなタイプの人とつきあおうとする。自分の喜びを追求することは，生きている間，果てしなく続きます。しかし，他者を喜ばせることは日々意識できるでしょうか。本来，自分の何かによって他者が喜ぶ

とうれしい本能は，我々人間に埋め込まれているはずですが，意識して行動に移せるかどうかは別問題。大抵は「自分＞他者」なはず。

Wさんはもともと面倒見がよく，友達の世話を焼ける人ですが，「喜ばせ力」が毎授業の「広告見せ」でさらに育っていきました。喜ばせる対象は筆者です。「へーっ，こんな広告よく見つけたね。面白いなぁ」と筆者も必ず喜びを明文化しました。「喜ばせ力」のお返しですね。するとWさんは承認欲求が満タンになり，「また次の授業前にも喜んでもらおう」となる。建設的なスパイラルが生まれたわけです。

他者を喜ばせる力は，就活においても有効です。自分本位な人は職場で良くない存在。そうなる可能性の見え隠れを，人事担当で面接のプロは見逃さないでしょう。他者への思いやりと「喜ばせ力」。内定獲得を目指すなら，身に付けたいものです。

●自分キャッチコピーのツボ⑫●

「喜ばせ力」は就活に好影響を与える。

❷ 就活における 「自分キャッチコピー＋ボディコピー」の意義

☐ 自己「PR」が自己「紹介」になってしまう学生たち

コピーのつくり方に進む前に，もう少し下地として必要な心構えの話をさせてください。

学生から「エントリーシートを見てください」と，よく頼まれます。コピーライティングの授業では「自己PRを意識して，自分キャッチコピーとその補足説明となる自分ボディコピーをつくりましょう」というお題を出します。自分ボディコピーは，エントリーシートの自己PR文に応用できるので，就活に役立つ学びです。熱心な学生は，コピーライティングの授業で仕上げた自分ボディコピーを自己PRにアレンジして持ってきます。それはとても良いことですが，なかなかの苦戦模様です。

　自分ボディコピーは，エントリーシートの志望動機や自己PR文の指示で多い200文字から300文字で仕上げるルールにしています。が，学生は辛そうです。そもそも200文字から300文字を埋めることが難しそう。普段，SNSなどで短い言葉のやりとりが日常になっていることが関係しているかもしれません。**なんとか規定字数を埋めようとすると，「ダラダラ書き」になってしまう。「大学時代の活動と思い出のダラダラ書き」です。**しかしこれはPRではない。単なる自己紹介です。では自己PRと自己紹介は，どう違うのか。さらに，その背景をお話しします。

☐ 自己紹介が，なぜ面接官の心に響かないのか

　エントリーシートで**「自己紹介をしてください」**と指示されたなら，**大学時代に打ち込んだことや勉強したことなど，プロフィールを書けば**よいのですが，**「自己PRをお願いします」**ならば，文章の矛先は変わる**べき。なぜなら，PRは，自分の長所や「売り」を語ってはじめてPRと呼べる**からです。

　自己紹介ではなく，**自己PRと投げかける人事側の期待は，「自己PRの内容が自社の利益に紐づくかどうか」あるいは「自社に向いている人材かどうか」な**はずです。明文化されていない無意識の意識かもしれま

せんが，人を採用することは雇用コストがかかるわけで，コストに見合った人物かどうかを量るのは当然のことです。そこを理解せずに，自己PRを行うとどうなるか。手前味噌でひとりよがり，あるいは自己陶酔が過ぎる文章になってしまいます。採用側の期待がどこにあり，どんな事柄か。それは目指す業界・企業によって異なりますが，自分なりに考えて，採用側の期待に応える意欲に満ちた自己PRにしたいものです。

べき論だけでは，なかなか伝わりにくいと思います。そこで筆者のコピーライティング講座を受講した大学生＝Aさんの自分キャッチコピー＋自分ボディコピーを紹介します。

➡大学生Aさんの自分キャッチコピー＋自分ボディコピー例

"前進"全霊の名脇役

「向上心があるね」とよく言われます。
目標をもってやり抜く力は私の誇りです。
量産型な長所かもしれません。
だけど，ただ突き進むだけの私ではありません。
周囲を見渡し，分析し，誰かに必要とされる存在になることも
大の得意です。
貢献していると実感するのが大好きです。

今までもこれからも，
陰の立役者のような，脇役のような，
かけがえのない人物でありたいと考えます。

貴社という舞台で，お客様という主役を真摯に支える。

> わたしは，全身全霊で，必要不可欠な脇役として前進します。

　いかがでしょうか。言葉の表現として分かりにくい箇所はありますが，全体的な印象として，「貴社の役に立ちたい」という熱さが感じられる。役に立つ自分の資質として，「周囲を見渡し，分析し，誰かに必要とされる存在になることが得意」と具体的に語っています。なるほど，組織は「私が，私が」と主張する主役志向の人ばかりでは成り立たない。このコピーの作者・Aさんのように，パワフルな脇役がいてほしい。採用側が「我が社にこんな人がいるといいな」と素直に思える文章だと思います。全身全霊を"前進"全霊と言い換えた点も，やる気の表現として有効です。

　褒めどころはたくさんありますが，**自分の長所を押し付けるだけではなく，「して差し上げる精神」を発揮して，長所が志望企業にどう役立つのかを明文化した。その結果，自己紹介とは一線を画した「自己PR」が成立している**のです。

☐ なぜ「自分キャッチコピー」と「自分ボディコピー」の コンビなのか？

　エントリーシートの自己PR文を書くために，コピーライティングの手法を応用しようと思う人なら「キャッチコピーはいらない，ボディコピーのつくり方だけ教えてくれればいい」そう考えるかもしれません。できるだけ合理的に，無駄は省きたいですよね。

　しかし，**「自分キャッチコピー」と「自分ボディコピー」をセットで考えることは，クオリティの高い自己PR文を目指す人の近道です。**なぜなら，「自分キャッチコピー」は，「あなたの売りはひと言で言うと

何？」であり，伝えたいことの核だから。伝えたい核がないと，あなたの自己PR文はどうなるか。前述した「ダラダラ書き」まっしぐらです。200字から300字を埋めるため必死になった挙句の「ダラダラ書き」。大学時代の思い出やサークルやバイトの内輪話を羅列しただけの「ダラダラ書き」。こんな自己PRでは，希望する業界や企業にたどり着くことは不可能です。

　残念な「ダラダラ書き」に陥らないためには，「いきなり文章を書かない」ことも重要です。いきなり文章を書くことは，木の幹がないのに，葉っぱや花を空中に描くことと同じ。幹があって初めて，枝葉が生え，花が咲くのです。幹があるから，根も伸びて，しっかりとした土台のある文章・コピーができ上がります。何度でも言いますが，いきなり書いてはいけません。後述するコピーライティングの手順を踏んでください。「手順？面倒！」と思った方。筆者が編み出したコピーライティングの手順は，とってもシンプルです。その手順を素直に受け止めて，手を動かせば，誰でも「自分キャッチコピー」と「自分ボディコピー」がつくれます。そこを信じて取り組んでください。あなたが目指す場所へたどり着くために。

自分キャッチコピーのツボ⑬

採用側の心に響く「自己PR」は，いきなり書かない。

❸ エントリーシート作成でありがちな 3 つの失敗

☐ 自己PRの文章と面接で話す内容が矛盾する

　1つ目は，**面接で話す内容が矛盾すること**。自己PRは油断すると，自分の強みを"盛ってしまう"傾向があります。無理もないです。就活では誰でも自分をよく見せたい。この気持ちは悪くないです。問題は，自分をよく見せる方法に難があることです。

　面接では，思ったほど自分を飾れないものです。面接官はたくさんの学生と対峙していますから，本当の姿を探る，悪い言い方をすると化けの皮をはがすのがうまい，と考えたほうがよい。筆者も採用一次面接である学生に対して「書いてあることと話の内容が違うな」と思った経験があります。目指す自分と，ありのままの自分に距離がありすぎる。違う言い方をすると，自分はどんな人間なのか，が分かっていない。

　しかし，「自分キャッチコピー」と「自分ボディコピー」をセットで考え，これらをベースに自己PRや志望動機文をまとめると，**「書いていることと話していることが矛盾しにくくなる」**効果が期待できます。

　詳しくは後述しますが，「自分キャッチコピー」と「自分ボディコピー」のつくり方には，「自分棚卸し」というステップがあります。この作業をしっかり行うと，自分が生きてきた道筋，そこに連なる打ち込んできたこと，学んできたことが明文化される。明文化された要素を使ってコピーをつくれば，自分の言葉で語った文章になる。ひいては，面接でも自分の言葉で話せるようになります。人間は心にもないことをなかなかスラスラ話せないものです。

■ ネットの「受け売り書き」はNG

　2つ目は，**ネット情報の「受け売り書き」**。ネットでは**エントリーシートの書き方指南がたくさん出ていますが，こういった情報を吸い取って，さらには自分をよく見せようと盛って書いた自己PR文や志望動機文は危険がいっぱい。自分が思っていないこと，自分の魂に備わっていない内容で仕上げてしまう可能性が高いからです。**いわゆるマニュアル的な文章。優等生な文章になり，安心するかもしれませんが，マニュアル通りの「受け売り書き」は，すぐ分かるし，読み手の心に響きません。

　筆者は，大学の授業冒頭を必ず「10秒自己紹介」から始めます。これは，明治大学文学部教授・齋藤孝教授の著書からの受け売りです。齋藤先生は10秒を学生がその日思うことを自由に話すよう，指導されています。出席確認の代わりになるだけでなく，学生のプレゼン力アップにもつながると良いことづくめ。早速，筆者の授業でもマネさせて頂きました。

　筆者は少しアレンジして，その日の授業に紐づくテーマを設定しています。テーマは授業開始の直前に公開。質問項目の予告がない場合の面接対策として良い訓練になっています。ある日，「あなたの強みはなんですか？というテーマを提示したところ，「これが分からない…」「苦手なやつ～！」などの独り言大合唱。そうか，やっぱりそうなんだ。自分を知る，は学生の苦手科目なんだ。だから，エントリーシートに書いてある内容と面接時の印象が違うという現象が起きるわけか。それからは意識して，「私は何者？」を見つけ出し，整えておくことの必要性を強く学生に訴えることになりました。自らをしっかり俯瞰する姿勢を持ちましょう，と。

■ マニュアル通りに書いて臨むと「面接崩壊」の落とし穴

　3つ目は，**マニュアル通りに自己PRや志望動機を書いた，その先で
は，「面接崩壊」が待ち受けている，ということ。**自分の言葉で話せず，
マニュアル通りの受け答えに終始する。そうなると面接官の反応はよく
ない。パニックになる。特に集団面接が危険です。同席するライバルた
ちが，みんな優秀に見えて焦ります。絵に描いたような負のスパイラ
ル！

　せっかく書類選考が通ったのに「集団面接で落ちました」という学生
の報告を聞くと，本当に残念です。「緊張して何を話したか，全く覚え
ていない」「しっかり話せて，いかにも優秀な人に気圧されてしまった」
と。授業を真面目に受け，レポートの出来も良い。そんな学生が普段の
実力を発揮できず，熱望した企業に入れない。もちろん，その企業とは
ご縁がなかっただけとポジティブに考えて，次に向かえばいいのですが，
同じ失敗を繰り返さないように工夫することは大切です。

■ 面接で話す内容と矛盾しないための工夫として

　以上，「自分キャッチコピー」と「自分ボディコピー」をセットで考
える意味をダメ押ししました。ダラダラ書きではないクオリティの高い
自己PR文が書ける，という価値を❷でお話しましたが，それ以外にも
価値があるのです。

　「自分キャッチコピー」と「自分ボディコピー」をつくる。それは，
面接で露呈しても恥ずかしくない自分を創造するということです。就活
マニュアルに従うのとは全く違う。自分の良さが面接官に伝わるよう，
伝え方を工夫するということ。その工夫は，「自分の言葉でエントリー

シートを書き上げる」。言葉にすれば単純ですが，難易度は決して低くない。その難しいことを誰でもできるようにするのが，この本の役割です。だから頑張って最後まで読んでね。

「自分の言葉」で書き上げるための
コピーライティングと心得る。

❹ 「自分キャッチコピー」の下地になる
「自分マーケティング」

☐ いきなり書かない，はつまり「書く前に準備をする」こと

❷で，「自分キャッチコピー」も「自分ボディコピー」も「いきなり書かない」とお話ししました。**作文や長い文章を書くのが苦手，という人はたいてい，準備なしにいきなり書いています。準備なしに書くと，文章は出たとこ勝負になりますから，ダラダラ書きになります。結果，何が言いたいのかさっぱり分からない**，読み手の理解に負荷をかけるか興味を失わせる，という悲惨な文章ができ上がります。強引な例え話ですが，旅行や出張に行く時，必ず準備をしますよね。準備なし，ほぼ手ぶらで出かけて，何事もなく現地で楽しめる人もいますが，たいていはろくな事がない。お目当てのお店や博物館が定休日だったり，乗ろうとしたバスが1日1本だった！とか。旅行もやっぱり準備主義がいい。

話を戻すと，**自分コピーに限らず，長めの文章を書く時には，まず準備。何を伝えるかの「素材」を用意すること，それが準備になります。**指定された文字数にもよるので，素材の数は一概には言えません。が，筆者の場合，迷ったらたいてい「３つ」に絞ります。日本人が好きな数字，と聞いたことがありますが，日本の伝統芸能・能に出てくる用語＝「序・破・急」に倣い，３つにしておけば間違いないと信じています。

　また話が横道にそれますが，筆者はABCラジオPodcast『未定年図鑑』に出演しています。「読み原稿を用意しているのですか？」と聞かれますが，「ありません」と答えると驚かれます。アナウンサーの方との掛け合いで，プロの話し手に助けて頂いているから，読み原稿なしのぶっつけ本番でも話せるのですが，正直に言うと完全ぶっつけ本番，ではなく自分だけのメモは準備しています。そのメモは，「話のキーワード」を３つに絞ったもの。たまに４つとかになりますが，その場合どれか１つが脱落して話せない。人間の（筆者の？）処理能力は，やっぱり３つが限界なんだ，と思い知ることになります。言葉を編み出すことは，話すのも文章を書くのも共通。あれもこれもと欲張ると，うまくいきません。

☐ ライバルとの差別化が「自分マーケティング」

　「自分キャッチコピー」の場合は，素材も大切ですが，コピーライティングの前に，まず「自分マーケティング」を行うのが理想的です。**高校生・大学生なら，同じ学年群の中で，自分はどういう位置にいるのか，あるいはどの位置を狙うのか。転職狙いの社会人なら，同じ立場の人とどう違うのか，どんな強みがあるのかを考える。**それが「自分マーケティング」です。

　マーケティングと言うと難しく考えがちですが，大丈夫。ざっくりで

よいのです。エピソード・トークになりますが，筆者は口数が多いけど，口は堅いので，いろんな人から相談を受けます。その中には恋愛相談も多い。ある女性は「結婚できない」が悩みでした。そういう人はほぼ全員，明文化できる魅力はある。なのに，なかなかゴールできない理由は１つに絞れませんが，大きく括ると「自分マーケティングができていないから」です。元気で姉御肌に見えるから，年下の草食系にモテているのに，はるか年上のギタリストみたいな人を追い求める。恋愛市場でミスマッチを起こしています。すなわち，マーケティングができていない，ということです。自分の市場価値がどこにあるのか，と同時に，今どんな女性が求められているのかを分析し，そのニーズに合わせていくことも「結婚できない」と悩む人には必要です。

■ 「自分マーケティング」マトリックス図で狙う席を定める

　「自分マーケティング」は，頭の中だけでなく，図にして書いてみるほうがよいです。マトリックス図という簡単な地図みたいなものです。

　縦軸と横軸に，検討を行う２つの要素を置きます。そのとき，同じ軸の言葉が正反対になるようにします。例えば，右図では「行動的と思索的」を配置しましたが，受験も就活もどんな人物が求められているか，を自分なりに分析して，言葉を設定することがポイントです。

　この作業を行うと，ひとつは自分という人物像が俯瞰できる。さらには，目指す場所（志望校・志望企業）にマッチする自分を創造することも可能です。もうひとつは，マトリックスをつくっているうちに，人数が少なそうなゾーンが分かる。空席が多そうなゾーンに自分が位置するなら，就活においてライバルとの差別化が図れます。右のマトリックスでいうと，「学業メインの思索的なリーダー」は，バイト中心の学生よ

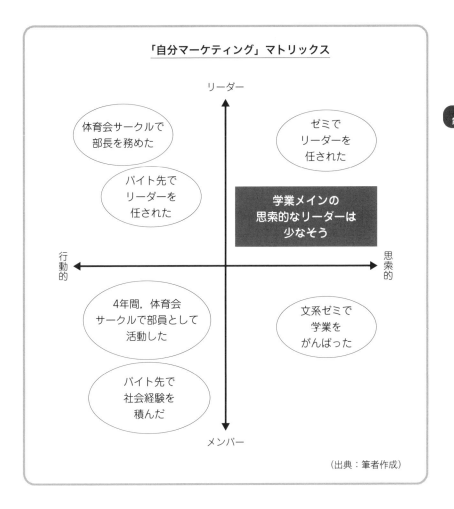

「自分マーケティング」マトリックス

リーダー

体育会サークルで
部長を務めた

ゼミで
リーダーを
任された

バイト先で
リーダーを
任された

学業メインの
思索的なリーダーは
少なそう

行動的 ←──────→ 思索的

4年間，体育会
サークルで部員として
活動した

文系ゼミで
学業を
がんばった

バイト先で
社会経験を
積んだ

メンバー

（出典：筆者作成）

り少なそうと仮説が立ちます。

　ありのままの自分を知ってもらおう，という意見もありますが，筆者
は反対です。無人島で生きていくなら話は別ですが，我々人間は社会と
いう枠の中で生きている。社会の中で，どんな希望を持ち，どんな役割
を果たすのか。力を発揮するためには，ある程度の自分改造が必要です。

　漫才の賞レースでも，芸人さんがやりたいネタか，お客さんにウケる

ネタか，賞獲りの近道はどちらか考えます。筆者は素人ですが，笑いの量が審査に影響するなら，やりたいネタ＜ウケるネタではないか，と。やりたいようにやるために，ありのままの自分を押す，承認を求めることは身勝手です。自分の強みや希望を大切しながら，自分改造する。そんな「自分マーケティング」により，皆さんが目指す場所にたどり着いてほしいと思います。

●━ 自分キャッチコピーのツボ⑮ ━

いきなり書かずに準備する最初の一歩が 「自分マーケティング」。

❺「コピーライティング」における心構えとは

☐ コピーはライティングではなく「シンキング」

　さて，そろそろ自分キャッチコピーのつくり方に移らないと，不満が出そうです。が，具体的なつくり方へ行く前に，もうひとつ大切な心構えをお伝えします。いや，一見すると心構えの話ですが，実は筆者が考えるつくり方の土台なので，ぜひ聞いてください。

　いきなり書かない，という心構えはお話ししました。そこに紐づく話です。筆者は大学で学生にしつこく伝える決まり文句があります。それは，「コピーはライティングではない。シンキングだ」。併せて，「いきなり書かない。考えて考えて，気づいたことがコピーになる」。考える

中での良い気づきが，良いコピーになる，というわけです。

　筆者がここにたどり着いたのは，コピーライターとしてベテランと呼ばれるようになってから。コピーライターは，若手の頃コピー年鑑という優れた作品を集めた本をバイブルとして，吸うように読みふけるものです。優れたクリエイターの作品に触れること自体は否定しない。しかし自分発のコピーをつくる，においては本質的な行為ではないと思います。なぜなら，コピー年鑑を読み込むうちに，無意識の意識で「誰々さんみたいなコピーをつくりたい」と思うから。結果，その人から生まれるコピーは自分の言葉ではなくなるのです。なんかマネしてるじゃん，と思われてしまったり。

■「コピーは気づき」であり，自分だけの表現

　筆者が講義する大学のコピーライティング講座は，全15コマです。テーマを出して，授業内でコピーを書いてもらうのですが，どうしてもいきなりコピーを書いてしまう学生がいます。その学生はたいていスマホで何かを検索する。商品特長やブランドサイトの確認ならまだよいのですが（それも本当は宿題にしているので，授業内で行うのはよくない），SNSの口コミやつぶやきを見ている。くどいほど何度も「ライティングではなくシンキング」と繰り返していますが，その弊害でしょうか。シンキングする方法がネット検索になってしまう。こちらも工夫して，ネット検索やAIに頼っても意味がないテーマを出しますが，生まれた頃からネットがあるデジタル・ネイティブ世代には，当たり前の習慣として身に付いているのでしょう。しかし，**ネット検索しても読み手の心に届くコピーは生まれません。つくれるかもしれませんが，かえって時間はかかり，良いコピーにはならない。**

筆者が大学の講義でそう来たか！と思った課題は，ある企業のコピー制作でした。「大学生が入社したくなるコピーをつくろう」がお題です。企業広告なので「その会社のホームページを見ておく」を宿題にしたのですが，ホームページに出てくる頻出ワードをパッチワークしたコピー，サイトの大きく表示されたコピーをそれらしくリライトしたコピーがわらわら出てくる。優秀かつ器用なゆえにそうなるようです。15コマの中で初期のテーマだったので，この後どんどん矯正されていくのですが，デジタル・ネイティブの特性をもっと意識しなければ，と指導内容を軌道修正しました。学生には「ネット検索より，気づき検索！」と称し，自分の内なる何かから気づきを得よう，と話しました。

■ 「自分キャッチコピー」こそ，「気づき」発で生み出すべき

　そこで筆者が繰り出した例え話は，『鶴の恩返し』。誰でも知っている昔話ですね。鶴のおつうは助けてもらったお礼に人間に化けて機を織ります。その間は「絶対に襖を開けないで」と頼む。鶴に戻って自分の羽毛を抜きながら機織りをしているからです。おつうはそのせいで日に日に痩せていきます。泣けるなぁ。なぜ泣けるのか。コピーをつくる行為は，つくづくおつうの機織りと同じだと思うからです。自分の羽毛をむしって1枚の機に仕上げることは，自分の魂から感じたことや言葉を抜き取って，1つのコピーに形づけるのと同じ。「だから，私の体も心も毛穴は血だらけ，こんな風にやせ細っています」とベタなオチで締めくくります。筆者は小太りなので，これは漫才で言うところの大したことないボケです。

　しかし，コピーライター人生を振り返ると，おつうになってつくったコピーは我ながら出来がよい。対して，クライアントの要望をきちんと

理解して，こういうことですね，と出したコピーは正しい答えだけれど，私という人肌のぬくもりに欠けています。人柄はまるで見えてこない。

　就活のエントリーシートで志望動機や自己PR文を書くにあたっても，書き手の「人肌感」は絶対必要です。「人肌感」がなく，就活対策本から抜き出したような文章は，どんな人なのか伝わらず，書類審査を通過しないでしょう。面接で「会ってみたい」と思えないからです。

　エントリーシートの材料として，「自分キャッチコピー」と「自分ボディコピー」をつくるにあたっても同じです。「ライティングではなくシンキング」を肝に銘じて，いきなり書かない。自分のどこに気づくか，どんな強み弱みがあるかを掘り下げてほしいです。

> **自分キャッチコピーのツボ⑯**
>
> ## 採用側に「会ってみたい」と思わせる文章には「人肌感」がある。

❻「コピーシンキング」を深めるための視点

　前節で「コピーはライティングではなくシンキング」と話しました。しかし，「シンキング」と言われても，どう考えればよいのか。それこそ，違う方向で考え込んでしまった人もいるかもしれません。「シンキング」，少し概念的すぎるかな。

　そこで，この節では，効率的に「シンキング」して，志望動機や自己PRの文章を良くしていくために必要なことをお伝えします。

□ エントリーシートの文章における苦手意識の正体とは？

エントリーシートの文章に苦手意識がある人は，「ひとりよがり」に陥っているように見えます。「ひとりよがり」とは，自分のことだけ考えて，周囲のことや社会全体が見えていないと陥る，就活の敵とも言える現象です。「自分キャッチコピーなんだから，自分のことだけ考えて何が悪いの？」と思いましたか？そうですね。「自分キャッチコピー」のつくり方で詳しく話しますが，自分の資質や好みを棚卸しして，自分のことを深く知ることが大切。これは間違いないのですが，並行して「他人のことを考えられる」資質が必要なのです。

筆者の小学校時代，通知表に行動への評価があって，「友達に思いやりを持った行動ができるか」という項目がありました。意外にも筆者はこの項目に「よくできました」のハンコが押されていました。今になって，子どもの頃から他者への思いやりを育む重要性を思い知ります。

悪い言い方になりますが，**就活においては，自分の価値を上げるために，他人のことを考えるのです。自分の資質をアピールするために，他人との関わりを利用するのです。「脱・ひとりよがり」**を目指し，エントリーシートへの苦手意識を捨てましょう。

□ 「世の中観察力」を身に付ける

前節で「コピーは気づきである」という話もしました。**この気づきに個性があって面白いと感じられる人は，自分の学生生活だけではなく，広く世の中を見ています。「世の中観察力」**です。本当のことを言うと，「世の中観察力」は日々育まれていくもので，昨日今日で身に付くものではありません。とは言え，「世の中観察力」を意識して毎日を過ごすと，

1か月くらいで自分の内部の何かが変わってくるはず。筆者のコピーライティング講座の学生がそうでした。まぁ，毎週1回顔を合わせるたびに「自分の爪の先だけ見るな，社会を俯瞰しよう」と言われれば，刷り込まれてしまうかもしれません。しかし，「世の中観察力」を意識し始めた学生は，人間性に厚みが出て，就活戦線でも頼もしい姿で立ち向かっていきました。

　「世の中観察力」を身に付けるための具体的な行動は「新聞を毎日読む」です。新聞を自宅で購読すると，結構な金額になります。学生にとっては決して軽い負担ではない。しかし，社会問題・政治経済から果ては漫画まで，新聞にはさまざまなジャンルの情報が網羅されていて，そう考えるとコスパのいい媒体だと思いませんか。小さい文字を隅から隅まで熟読しなくてもいい。新聞には見出しという短い一文があります。小さい文字の文章における重要点を要約したのが見出しです。この見出しを読むだけでも効果あり。世の中の出来事や動きが知らず知らずのうちに脳でストックされます。ひいては，世の中の出来事に対して自分なりの意見が生まれる。こうなればしめたもの。実行したあなたは就活の新しい武器を手に入れたことになります。

　もっとも，デジタル・ネイティブ世代には，情報にお金を払う感覚が乏しいのでしょう。新聞を毎日読む学生になかなか出会いません。だからこそ，新聞を読む価値がある。就活でライバルに差をつけたいと思うなら，「新聞を毎日読む」ことを強くお勧めします。

☐ 「人に優しく」を身に付ける

　就活においては，自分の価値を上げるために，他人のことを考える，自分の資質をアピールするために，他人との関わりを利用すると話しま

した。しかし，これもいざ実行するとなると，なかなか形にできない。やはり，普段から意識して身に付けてほしい行動があります。それは「人に優しく」。それってもともとの性格なのでは？そうかもしれない。

　筆者が日頃慣っていることは，「電車の中で体の不自由がないのに優先座席に座る60歳以下の人」です。若者と言わないのは，そこに堂々と座る人の年齢層が幅広いから。優先座席を必要な人のために空けておくのは，最低限の「人に優しく」ではないか？こういうことから問題意識を持って，自分を変えていく，人に優しくを日々心がけることで，「シンキング」の質が上がり，結果，エントリーシートの文章も変わっていくはずと信じています。

　普段から行っている「人に優しく」を自己PRに反映させた学生の文章をご紹介します。文章としての改善点はありますが，「人に優しく」の具体例として，参考にしてください。

➡ 「人に優しく」を自己PRに反映させた文章例

　私の強みは「近づき力」です。私は大学一年生から現在までオープンキャンパススタッフを務めております。私はオープンキャンパスでは，「来場者を迎えるのではなく，自分から迎えに行く」ということを目標にしております。以前，高校生の来場者の方が校舎で困っていたので，声を掛けました。最初は少し話すことにためらっているように感じたので，ゆっくりキャンパスを歩きながら，今勉強面や大学受験でどんなことに悩んでいるのか，リラックスしながら話すことを提案。その結果，来場者の方は丁寧な対応を喜んで帰ってもらえました。この後も，不安に思う受験生の相談に乗り，どのような勉強方法がお勧めか一緒に考えました。ここから，私は，自分からチームひとりひとりの意見に耳を傾け，社員のモチベーションを保ちながらチームで一丸となって目標が達

成できるようにします。(361文字)

　いかがでしょうか。オープンキャンパスで困っている高校生への細やかな心遣い,「人に優しく」が短い文字数にもかかわらず丁寧に伝えられています。「来場者を迎えるのではなく, 自分から迎えに行く」は, オープンキャンパスの来場者特性を俯瞰した結果の「人に優しく力」で, 参考にしにくいかもしれません。しかし「人に優しく」を「相手の立場に立つ」と置き換えると, この学生のような考え方や行動は, 誰もが取り入れられるのではないでしょうか。就活では,「人に優しく力」をもともとの性格にないから, と片づけないことが大切です。

```
●自分キャッチコピーのツボ⑰●
```

就活は「世の中観察力」と
「人に優しく力」を身に付けて臨む。

❼ 誰でもつくれる！
自分キャッチコピーのつくり方「4ステップ法」

☐「自分キャッチコピー」のつくり方

　お待たせしました。いきなり書かないことを前提とした「自分キャッチコピー」のつくり方を, ようやくお話しします。

「自分キャッチコピー」のつくり方は，以下４つのステップを順番に踏んでいきます。順番を違えたり，抜かしたりすると，かえって時間がかかったり，ひどい時はコピーが仕上がらない，という結果になります。この順番を素直に守ることで，コピーの出来栄えがよくなることも，筆者が教鞭を取るコピーライティング講座で確認済みです。

自分キャッチコピーのつくり方「4 ステップ法」

Step 0
ターゲットを意識する
（人事担当者・面接官）

Step 1
**自分の長所・特徴を
棚卸しする**

Step 2
コピーのジャンルを選ぶ

Step 3
棚卸しした長所・特徴の
どれをコピーにするかを考える

Step 4
３で選んだ長所または特徴を
端的な一文（コピー）に仕上げる

（出典：筆者作成）

Step 0 ┃ ターゲットを意識する

広告制作の場合，ターゲットはさまざまに考えられますが，「自分キャッチコピー」の場合，ターゲットがハッキリと人事担当者・面接官と決まっているので，**Step 0** になります。Step 0 ですが，そのターゲットをしっかり意識することが大切です。

学生の場合，ターゲットいう概念がなかなか難しいようです。例えば，商学部などで普段からターゲットを意識したマーケティングの勉強をしている人はすんなり入っていけるのですが，その他の学部生は突然言われるわけです。「ターゲットは，人事担当者・面接官」と。

そこで振り返ってほしいのが，**第2章❷**「して差し上げる精神」です。相手の立場に立って，相手が喜ぶことをして差し上げる，この精神をまず身に付ける。**人事担当者・面接官は何を思って面接に臨んでいるか。どの業種でも，思いはひとつ，「自社にとって役立つ人材なのかどうか」**です。就活本のロングセラーである『絶対内定』（著：杉村太郎・藤本健司／ダイヤモンド社）でも以下のように太文字で断言されています。

> **絶対内定する人とは「将来，その会社で大活躍できる人」かつ「面接官をはじめ多くの人に好かれる人＝一緒に働きたいと思われる人」**

短い時間でそんなことが分かるのか，という疑問は依然として存在します。面接官の見極めが完璧とは限りません。なので，筆者が学生によく言うのは，「1つの結果が結果ではない」ということ。就活の面接はお見合いに似ていて，「ご縁がなかった」と思って次に向かえばいいのです。ただし，『絶対内定』では次のようにも述べられています。

「落ちた人イコール，仕事ができない人ではない。人に好かれない人で

はない」ということ。ただ単に、「その業界や会社では仕事ができる人ではない（と思わせてしまった）」あるいは、「もっとできる人がほかにいた（と思わせてしまった）」ということにすぎない。

　筆者は、この中の（と思わせてしまった）が重要だと考えます。思わせてしまった、のは、実際そうではないのに、自分という商品の伝え方に問題があった、なんらかのミスがあった、ということ。その原因のひとつが、「ターゲット目線に欠けていた」だと思います。学生が自分より年上の大人たちが何を是としているか、考えなければならないことにそもそも無理があります。無理があるけれど、なんとか乗り越えてほしい。そこで筆者が編み出した工夫が、「して差し上げる精神の装着」です。難しく考えず、相手の立場に立つ。その姿勢だけでも、ある・なしで結果は変わると思います。

Step 1┃自分の長所・特徴を棚卸しする

　コンビニやスーパーのバイト経験がある人は知っているでしょう。商品の在庫・売れ行きを確認する「棚卸し」。「自分キャッチコピー」のつくり方における「棚卸し」とは、大学生活を中心に、生きてきた今までを振り返り、出来事や自分の長所・特徴を振り返ることです。就活用語で近い言葉を探すと、「自己分析」と本質的な意味は同じ。でも、もっとカジュアルです。分析より手前の段階、自分に備わっている良い事柄を書き出すだけですから。

　書き出すだけ、と言いましたが、これもなかなか難しいようです。コピーライティングの学生に多いのが、**長所と特徴の区別がつかないケース。長所は「性格のこと」、特徴は「資格や特技・スポーツ経験・力を入れた勉強」のこと**ですが、やっぱり自分のことは自分ではなかなか分

からないんだ，を目の当たりにします。しかし，心を鬼にしてコピーライティング講座では長所・特徴それぞれ5つを目安に書き出してもらいます。

実は「自分キャッチコピー」の制作プロセスで，ここが最も重要です。

重要なのに，ここを飛ばして**Step 4**に行こうとする学生がいます。その時は，イエローカードを出します。「いきなり書いてはダメ」と。「棚卸し」なしでいきなり書くと，もっといい自分が見つかるかもしれないのに，そこを見落としてしまうことになります。

この作業で良い点の1つ目は，**「なんとなく自分に向いている方向」が見えてくること。自分で自分に気づく，ということ**です。「何をやりたいのか」「どんな仕事に就けばよいか分からない」という学生にもよく出会います。自分が何者か分からない。

筆者にも経験があります。卒業したら働かなくてはいけない，ただそれだけで何をやりたいなどの考えもなく，手あたり次第に名前の通った企業を受験しましたが，見事に全敗。唯一合格したのが，前職のアシスタントコピーライター試験でした。小学校時代から，なけなしの取柄が作文コンクール荒らしでしたので，まぁ落ち着くところに落ち着いた感じ。ですが，その取柄が生かせる職につけるイメージは全く持っていなかった。アドバイスしてくれる人もいませんでした。この経験から，自分に向いている方向になんとなく気づくという作業をあなどらないでほしいと心から思うのです。

良い点の2つ目は，**「棚卸しした一文がそのままキャッチコピーになる」場合があることです。コピーはシンキングであり，何に気づくか，なので，棚卸しで気づいたこと，見つけたことが，そのままコピーになることは大いにありえます。**筆者のコピーライティング講座でも「これ，このままでコピーですよ!!」と指摘することは珍しくありません。

長所に関しては，自分ひとりで考えるのではなく，家族や友達に聞くことをお勧めします。これはかなり効果的で，真面目な人ほど謙虚で控えめなので，長所5つがなかなか埋まらない。そんな人は第三者目線に頼ると長所があっという間に埋まります。

Step 2 ┃ コピーのジャンルを選ぶ

　これは唐突ですが，どちらかと言えばライティングの話です。コピーの方針を以下4つのジャンルから選ぶのです。ジャンルを選ぶことで，コピーの語り口も決まってきます。ジャンルを設定しておくことで，**Step 4**の「コピーに仕上げる」において，スタンスに沿って考えることで思考の蛇行を防ぎ，合理的にコピーを仕上げることができます。

「自分キャッチコピー」の 4 ジャンル

ジャンルA. **特徴ドレスアップ** 長所や特技に「修飾語」をつける	ジャンルB. **ポリシー宣言** 自分の生き方・こだわりを宣言する
ジャンルC. **自分ジャンル化** 長所や特徴を「別の何か」に例える	ジャンルD. **自虐的** 弱点を強みにポジティブ転換する

(出典：筆者作成)

　ちなみにコピーライティング講座では，「特徴ドレスアップ」や「自分ジャンル化」を選ぶ学生が多いです。自分をラーメンに例えて，独自のジャンル化を図ったコピー例を紹介します。

⮕自分をラーメンに例えて，独自のジャンル化を図ったコピー例

家系リーダーシップ

弟と妹がいます。

幼い頃からたくさん面倒を見てきました。

小さい子は自分の思いを上手く言葉にできないため，

私がしてあげたいことと彼らのしたいことはよくすれ違います。

私は，何度もこの壁にぶつかりました。

そんな時は相手の立場に立ち，

行動からニーズを読み取ることで，上手く面倒を見てきました。

そんな私の強みは，

家族のように相手に寄り添って発揮させるリーダーシップです。

この強みを活かし，貴社とは濃厚で麺の太い家系ラーメンのような

関係を築きたいと思っております。

Step 3┃棚卸しした長所・特徴のどれをコピーにするか考える

　いよいよ大詰めです。Step 1 で棚卸しした長所・特徴の中で，どれ
を「自分キャッチコピー」にするかを選ぶのです。これは単純に自分で
自信がある事柄を選べばよいのですが，できれば志望する企業・業界に
紐づいていそうな事柄をキャッチコピーにするのがよいです。例えば，
接客業を目指すなら「長所＝気が利くと言われる」を選ぶ，といった具
合にです。

　自分の一番の「売り」は何か，という発想も大切です。「売り」とは

セールスポイントのこと。ここで勘違いしてはいけないのが，「自信」と「自慢」は異なる，ということ。自信のある事柄と自慢したい事柄は，その本質が違います。自慢は，「私のこんなところを見て見て」というひとりよがり。そこにターゲットである人事担当者の立場に立った，というスタンスは見あたりません。学生なりでよいので，「志望企業のこんなところで自分の自信ある○○○が役立ちそう」という「して差し上げる精神」を忘れてはいけない。友達から自慢話を聞かされるのは，日常でも辛いでしょう。それと同じと考えれば，「自信」と「自慢」の違い，分かりますよね。志望企業の役に立てる目算が立ってはじめて，「自慢」は「自信」に昇格するのです。

Step 4 ▎選んだ長所・特徴を端的な一文（コピー）に仕上げる

　ここは"一見"するとライティングなので，文章に苦手意識がある人は悩みこんでしまうかもしれません。でも大丈夫。勝負どころはStep 1の棚卸しとStep 3の事柄選びです。ここさえ決まれば，あとは短い言葉にすればOK。自分が覚えやすいかどうかが基準です。

　短い文にするにあたってお勧めの方法は，**主となるキーワードを「名詞化する」ことです。簡単に言うと，自分で自分にニックネームをつけるのです。**先ほど紹介した「家系リーダーシップ」や「"前進"全霊の名脇役」が良い例です。前者は「ジャンル化」，後者は「特徴ドレスアップ」を選んでいます。

　お笑い芸人のキャッチコピーは，ジャンル化で成功している人が多いように見えます。例えば，誰も傷つけない笑いという新ジャンルでお笑い界を席巻したぺこぱさんは「ツッコミ方改革」。

　こう聞くと，コピーに仕上げることは，"一見"するとライティングですが，やっぱりライティングではない。就活において**自分をどう見せ**

るか，自分の売り＝セールスポイントは何なのか，その戦略を考えるシンキングが肝心という結論になります。

自分キャッチコピーのツボ⑱

自分の見せ方・売りを考えることが「自分キャッチコピー」づくり。

⑧ 自己PRに直結する「自分ボディコピー」を効率的につくるために

「自分キャッチコピー」のつくり方が装着できたところで，この節ではエントリーシートの自己PR文・志望動機文に応用できる，内容によってはそのまま使える「自分ボディコピー」の効率的なつくり方をお話しします。

□ なぜ300字を埋めきれないのか？

エントリーシートの自己PR文は200 ～ 300字と指定されることが多いので，コピーライティング講座のボディコピーも200 ～ 300字でまとめてもらっています。15コマの初期は200字，学生の習熟状況を見て300字，と段階を経て増やすよう工夫しています。

ところが，200字でも埋めるのに苦労する学生は珍しくない。300字に増量指令を出すと，教室の空気がシーンと緊張感に満たされます。いざ，

300字のボディコピーを作成してみると，つい同じ言葉を使って「文字の嵩増し」をしてしまう。X（旧ツイッター）は140文字ですし，学生は長い文章を書くのに慣れていないようです。

200〜300字に慣れていないにもかかわらず，いきなり書こうとする学生もいる。これは絶対にいけません。準備なしの丸腰で300字という大海に出ても溺れるだけ。食材も揃えずに料理をしようとしたって，何もつくれないのと同じです。

しかし，この状況を「文章力がないから」と片づけてはいけません。自分で「そもそも文章力がないから，エントリーシートの記入なんて無理」と決めつけていませんか？そう思うあなた。安心してください。文章力なんてなくても，本著で示すつくり方のプロセスをしっかり踏めば，300字を埋めることは可能です。文章力がないあなたでも，300字を書き上げる方法を，今から説明します。

■「自分キャッチコピー」があるから書ける「自分ボディコピー」

何度も繰り返しお話してきましたが，「自分キャッチコピー」と「自分ボディコピー」はセットで考えます。「自分ボディコピー」は自己PR文とほぼイコール，と聞くと「ボディコピーのつくり方だけ教えて！！」と思いますよね。しかし，その発想は絶対にやってはいけない「いきなり書く」のと同じこと。悩む時間が増え，かえって時間がかかります。

「自分キャッチコピー」と「自分ボディコピー」は，役割分担しています。キャッチコピーは伝えたいことの肝を端的に表現する。ボディコピーは，キャッチコピーをより深く掘り下げたり，短い言葉では伝えきれない内容を補足するという役割を果たします。

キャッチコピーは，木に例えると幹です。幹がなければ，枝は生えず花も咲きません。しっかりとした幹を打ち立てる。つまりキャッチコピーをまず固め，その後，枝や花に相当するボディコピーに取り組む。この順序を踏みましょう。

「自分ボディコピー」のつくり方のステップは3つです。

Step 1 ▌「自分ボディコピー」の方針を4ジャンルから選択する

Step 1は，「自分キャッチコピー」を手元に置きながら，以下に示す**4つのジャンルから，「自分ボディコピーの方針」を決めること**です。この方針は，書いている途中で変わっても構いません。が，方針を決めておくことで，迷いを減らせます。文章を書くのに時間がかかる原因のひとつが，迷いです。

「自分ボディコピー」の 4 ジャンル

ジャンルA.**種明かし**

ジャンルB.**想いの補足**

ジャンルC.**情報の補足**

ジャンルD.**続き綴り**

(出典：筆者作成)

4つのジャンルを1つずつ説明します。

「A.種明かし」は，**キャッチコピーで提示した「謎」の種を明かすという方針**です。

77

下記の例文は，「いよーっポン」の種明かしとして，小鼓という特技と紐づく自分の強みを伝えています。

➡ ジャンルA.「種明かし」を使った例

いよーっポンと すぐ行動

叩いてみなければ，どんな音が鳴るかわからない。

これが私のモットーです。

少しでも興味がわけば，どんな世界にも飛び込んでいく。

経験というインプットが大好物な私は，ほかの人とはちょっと変わった経験がたくさん。

このインプットは奇抜なアイデアへとつながるはずです。

能楽という狭い厳しい世界へ飛び込む度胸。

興味を持った小鼓へと挑戦する行動力。

様々な場所で培われてきた経験。

思い立ったらすぐ行動。

初めて聞く音に感動し，のめりこみ，新しい音を知りたくなる。

思い切り音を鳴らしてみませんか？

「B．想いの補足」は，**キャッチコピーでは伝えきれない思いや情熱を補足する，という方針**。次の例文は，「妹系カウンセラー」というキャッチコピーの奥に潜むハートフルな精神性を「皆さんの心の家族になりたい」と補足しています。

⮕ジャンルB.「想いの補足」を使った例

妹系カウンセラー

「他人の幸せは自分の幸せ」それが私のモットーです。

仲間がつらい時，お客様がつらい時に 頼れる存在でありたい。

そのために人の話に耳を傾け，相手の意見を真摯に受け止めます。

穏やかな笑顔で素直に話しやすい雰囲気を作り出します。

共に親身になって悩み，幸せになるお手伝いをさせてほしい。

一人一人の気持ちに寄り添った提案を心掛け，

皆さんの心の家族になりたい。

そう考えています。

ぜひあなたの"未来の幸せ計画"を 一緒に考えさせてください。

「C．情報の補足」は，**キャッチコピーでは伝えにくい「隠れた情報」を補足すること**です。次の例文では，Z世代の特徴として「仕事に対して熱意がない！と思われがち」という情報を補足しています。読み手である面接官が「ほーっ，そうなんだ」と思える情報を提示できるかが肝心です。

⮕ジャンルC.「情報の補足」を使った例

更新し続ける熱意

私が属するZ世代。

仕事に対して「熱意がない！」と思われがちです。

楽しいことだけ全力で楽しみ，やりたくない仕事は適当に終わらせる。

本当にそれでいいのでしょうか？

私は仕事を全力で取り組むことが大好きです。

熱意を持って仕事をすること程，楽しいことはありません。

知れば知る程，知らないことを知りたくなる。

やればやる程，出来ないことを出来るようにしたくなる。

熱意は毎日毎日更新していきます。

どんな仕事に対しても 熱意を持って取り組む。

それが私の理念です。

「Ｄ．続き綴り」は，**物語の続きのように，ボディコピーをキャッチコピーの続きとして表現すること。これは，ジャンルA～Cとはスタンスが違っていて，キャッチコピーがボディコピーの1行目になっている，**方針というより表現手法です。ジャンルA～Cの中から「選びにくいなぁ」と思った場合，自由度が高いジャンルDの作戦が有効です。

Step 2 ┃ ボディコピーの要素を検討する

Step 2 では，ボディコピーの要素を書き出して検討します。自分キャッチコピーで行った「棚卸し」とほぼ同じです。この段階で，ジャンルが変わってもOK。「情報の補足」を選んだけど，思ったほど情報にインパクトがないと気づいたら「想いの補足」に変更すればよいのです。

Step 3 ┃ ライティングする

ボディコピーの要素が決まれば，最後の**Step 3** です。**Step 2** で書き出した要素を使って文章にしていきます。ここで初めてライティングを行うわけです。今までお話しした手順を踏めば，手元に良質な素材が

揃っているので，料理に仕上げるのに無駄な時間はかかりません。

　次の❾では，Step 3のライティングが，よりよく仕上がる方法をお話しします。

―●自分キャッチコピーのツボ⑲●―

表現のジャンル（方針）を選ぶことで，迷いを減らせる。

❾ エントリーシートの文章に効く「コピーライティング」３カ条

☐「私は」の連発と「同じ言葉」の繰り返しを減らす

　コピーライティング講座で教鞭を取っていますが，ライティングの話は嫌いなんです。文章のテクニック論を気にするがあまり，学生のコピーに個性がなくなることを危惧するから。しかし，学生からのニーズがあるんですね。「表現力を高めたい」が，コピーライティング講座の受講理由になる学生が少なからず存在します。

　そこで，エントリーシートの自己PRや志望動機の文章づくりで効果的なテクニックを厳選してお話しします。たくさんの学生が陥りがちな特徴から導き出したテクニックです。

　１つ目は，「私は」の連発をやめる。**300字程の短い文章の中に，「私は」から始まる文がいくつもあると，文章全体が幼い印象になります。英語と違って，日本語は主語や一人称がなくても成立します。「私は」を連**

発して美しいのは，計算されたメロディにのせる昭和歌謡やJ-POPの歌詞だけ。文章では無駄な「私は」を減らしましょう。一文ごとの「私は」始まりを止めるだけで，大人の文章になります。

❻「コピーシンキングを深めるための視点」の「人に優しく」の良例として紹介した自己PRは，せっかくよく書けているのに，たった2行の中に「私」が3回出てきました。そこで「私減らし」の技を使って修正します。

「私減らし」の例

【修正前】　私の強みは「近づき力」です。私は大学一年生から現在まで**オープンキャンパス**スタッフを務めております。私は**オープンキャンパス**では，「来場者を迎えるのではなく，自分から迎えに行く」ということを目標にしております。

⬇

【修正後】　私の強みは「近づき力」です。大学一年生から現在までオープンキャンパススタッフを務めています。その活動の中でモットーとしていること，それは「来場者を迎えるのではなく，自分から迎えに行く」ということ。

修正前は，「私」が3回出てきましたが，1回に減らしても意味は伝わりますよね。

この文章のもうひとつの改良点は，たった3行の中に2回も出てくる「オープンキャンパス」を1回に減らしたこと。**狭い範囲で同じ言葉が複数回出てくると，文章がくどくなります。文章がくどいと人柄も面倒くさく思われるかもしれない。**300字を埋めることは，学生にとっては

長い文章を書く苦行ですが，読み手には負荷が少なく短い文章です。短い字数の中で同じ言葉を何度も使って消費する文字数を，自分の良さを示すことに使うべきです。**「私減らし」と同じ言葉の「複数減らし」。この2点を修正しただけで，すっきりと読みやすい大人の文章**になりました。

□ 一文に同じ接続詞を2回以上使わない

これも大人の文章に仕上げるコツです。「〜の」「〜は」「〜で」を一文で何度も使わない。文章が舌っ足らずで幼い印象になるのです。無駄に一文が長いダラダラ書きはリズム感がなくなり，読み心地も悪くなる。ひいては書き手の印象まで悪くなる。もったいない話です。

話し言葉でも「〜で，〜で，〜でね」，こんな話し方の人，周りにいませんか。聞いていて幼い印象を受けるはずです。

ダラダラ書く人は，普段の話もダラダラ長いのが相場です。したがって，文章を書く時だけでなく，普段話す時もダラダラ話をしないよう，一文を短く話すことを意識しましょう。そうすると文章も整ってきます。

□ 重要なことは「文」にしないで「ネーミング」にする

文章の中でもうひとつ大切なことは，メリハリです。**エントリーシートでは文章にメリハリを付けて，面接官にぜひとも伝えたい要素がしっかり伝わるようにしたい。そのために筆者が編み出したテクニックが，「ネーミング化」です。**そもそも世の中は「ネーミング」にあふれています。「ネーミング」と聞くと，商品名の印象が強いですが，よくよく見渡すと，何かの行為や現象が「ネーミング化」されています。

ネーミング化の例

旅の日程をずらしましょう	⇨	ずらし旅
巣ごもりの時間に株式投資をしよう	⇨	巣ごもり投資
食事のときは黙って食べよう	⇨	黙食

　この例は，コロナ禍の渦中で登場した言葉ですが，左側に挙げた文のままだと，印象に残らなかったはずです。「黙食」は，派生して「黙浴」なんて言葉も生まれ，銭湯の注意書きでよく見かけるようになりました。

　「ネーミング化」は，人の記憶に残しやすいテクニックです。しかし，これはなかなかの高等テクニック。そこで筆者のお勧めは，自分の売りになる資質に「～力」と名付けること。これだけで簡単に「ネーミング化」，一丁上がり！しかも「力」ですから，平均より上に見える。実は，前出の自己PR例文の「近づき力」は，もともと「文」でした。元は「私の強みは，自分から相手に近づいていけることです」。これ，印象に残らないだけでなく，ストーカーみたいでちょっと怖い感じがしませんか。悪いほうの印象が残ったら最悪です。しかし**「近づき力」と変えるたけで，特別な能力を提示された感じがする。さらに「近づき力」って何だろう？面接官の興味を惹き，その先のエピソードを読んでみたくなります。**

　以上，就活に効く「コピーライティング3カ条」でした。学生の皆さんは，ここだけ読んで終わりにせず，「シンキング」をしっかり行って，「自分キャッチコピー」から自己PRや志望動機文につなげてほしいです。

シンキングした上で，ライティング技により文章を整える。

コラム　「名詞化」バンザイ！いろいろ使えて効き目バツグン！

　ある学生曰く，「先生は，「ライティングの話は嫌い」とおっしゃるけど，役に立ってますよ」。ちょっとクールにそう言われると，ドキッ，宗旨替えかな，と思うけど。いやいや，コピーを単純に文章表現と捉えてほしくないから，ライティングの話をなるべくしたくない。やっぱり譲れないな，ここは。と言いつつ，役に立ったと聞くとうれしい。さて，どこが役立ったのかな？

　「コピーライティング講座で学んだ，『名詞化』を積極的に使っていこうと思っています。適切な言葉で名詞化し，話の冒頭で示せば，概要を相手に分かりやすく伝えられるということを，いろんなシーンで感じています。
　例えば，卒業論文の執筆にあたってさまざまな文章を読んでいますが，何が言いたいのか分からない文章によく出会います。しかし，最初に結論を提示している文章においては理解度が段違いに良いと感じます。最初にゴールが見えていた方が考えの整理がしやすく，話がすっと頭に入ってきます。さらに，それが名詞化されていると，端的でより伝わりやすいと思います」

　お，よく気づいたね。最初に結論を示す。その結論が「名詞化」されていると，なお理解しやすいはず，と。人のふり見て我がふり直せ，と言うけれど，いろんな文章を読んで，良くない点の改善方法を自ら見つける。学びが身に付いた証。素晴らしい。
　この学生は，「名詞化」を大学生活の日常でも使っているらしい。

「ある委員会で反省会をした時，後輩に向かって「あなたたちは出来るよ」という内容の文章を音読したんです。冒頭で『実現ピープル』という言葉を示しました。最初に名詞でパッと示すと，やっぱり分かりやすいんだ，と実感しました。後輩たちは最後まで話を聞いてくれました」

そうそう，名詞化は文章はもちろんのこと，話し言葉でも有効。筆者も同僚との会話で意識して使っている。うまい名詞化で表現できると，伝わり力が上がるだけでなく，話が盛り上がるという効果もある。実は，本著でも名詞化を心がけて表現している箇所があるんだけど，読者の皆さん，気づいてくれてるかな。

「伝える」と「伝わる」は違う，も授業でよく言っている。自分では伝えたつもりでも，相手が理解してくれないのは，こちらの伝え方が悪いから。話の意図が伝わるよう工夫することは，人生においてストレスなく過ごすためにも必要。その工夫のひとつが，「名詞化」なんです。名詞化バンザイ！皆さんも，ぜひご活用を！

II 就活に効く「自分キャッチコピー」のつくり方 》面接の場合

❶「面接崩壊」は誰にでも起こりうる

☐「矛盾回答」に陥らないために

I ❸でお話しした「面接崩壊」の話をもう少し掘り下げます。自己PRや自分の強みと志望動機に一貫性がない，つまり矛盾してしまうと，それも「面接崩壊」です。例えば，サークル活動を通じて「リーダー

シップが強み」と自己PRしているのに，志望動機で「縁の下の力持ち」として企業活動を支えたい，と言われると，採用側は矛盾を感じます。リーダーになりたいのか，職人肌でこつこつ仕事をしたいのか，どちらがこの人の本質なんだろう？と。

　ちなみに古い話ですが，筆者も「矛盾回答」で大企業のOLになりそこねた経験があります。希望職種を聞かれて正直に「受付」と答えたのですが，見た目の雰囲気や気の強そうな受け答えは，どう見ても受付業務とは矛盾する。自己分析ができていないことが丸わかりです。なんなら，ふざけていると取られたかもしれない。叔母が放送局で受付をしていたので，身近なロールモデルだったのですが，**「なりたい」と「向いている」は明らかに違う。自分がその職種に向いているかいないか，冷静な自己分析が就活では必要**ということです。筆者を不合格にした人事担当者に，今では感謝です。学校推薦をひっさげて，成績も優秀な学生を，短時間で「この人は受付にも我が社にも向いていない」と見抜いてくれたのですから。名前は出せませんが，その会社は大きな発展を遂げ，世界に貢献するすごい技術力を持つ会社になりました。ＣＭでは有名タレントが登場しています。一事が万事とは，このことでしょうか。

□ 就活の常套句「自己分析」をもっと気楽に考えよう

　さて，先ほど筆者の就活敗因は「自己分析」ができていなかったこと，と言いました。就活サイトや大学のキャリアセンターでも必ず出てくる「自己分析」。就活において避けて通れない常套句「自己分析」。この言葉を目にすると，学生が気の毒になります。辛いだろうなぁ，しんどいだろうなぁ。20代になったばかりの大学生が自己分析。そんなの無理だろう，と思います。何になりたいか，何をやりたいかも分からない。そ

れは自然，当然だと。

そこで筆者が考案したのは，「ハッピー自己分析」。「自分キャッチコピー」の授業において，自分の長所（強み）と特徴（特技・趣味・資格など）を箇条書きにする，というステップを踏みます。短所（弱み）は不要です。内心，考えてしまうことは止めませんが，弱みと向き合いすぎるとメンタルダウンにつながります。あくまでもハッピーに。「ハッピー自己分析」ですから。

この作業では「長所は家族や友達に取材する」ことを強く推奨しています。自分のことは，自分が一番分からない。なのに，みんな逆のことを思いがちなんですね。自分のことは自分が一番分かっている。自分のことは自分で決める。それ，効率悪いです。広告の企画作業でも，1人で考えるより，何人かが集まって議論することで，意見の化学反応が起きて，すんなりアイデアが生まれる。それと似ています。

なぜ時代は変わっても占いが人気なんでしょう。亡くなった瀬戸内寂聴先生の講話に人が集まるのでしょう。みんな自分が分からないからに他なりません。自分のことを第三者に聞くと，その時間はきっと話が盛り上がります。家族なら夕食を共にして，話題にするとよいでしょう。自分が気づいていない長所，忘れていたエピソードがきっと出てくるはず。現にこの課題に取り組んだ学生は，「そんなことが長所になるんだ」という，うれしい発見があったと言います。この時の注意点は「短所は指摘しないで」とお願いすることです。

エントリーシートと面接で話す内容に一貫性がなく矛盾してしまう原因のひとつは，就活マニュアルに囚われすぎて，エントリーシートが自分の言葉で書かれていないということ。冒頭で話した「リーダーシップが強み」という文言は，いかにもマニュアル的で，学生が「企業に好まれそう」と思い込みそうです。マニュアル頼みで「矛盾回答」に陥るこ

とを防ぐ，手っ取り早い手段が「ハッピー自己分析」です。

□ 第三者の指摘で「向いている」が見えてくる

面接の失敗例として語られることのひとつに，「志望動機がなぜその企業でなければならないのかが不明瞭」があります。これはいくつか理由があると思いますが，「なりたい」にこだわりすぎて，「向いている」の視点に欠けていた可能性があります。「向いている」が明確だと，企業が求める人物像とマッチしているかどうか，ある程度判断できる。応募するもっと手前の段階で，自分はこの企業向きではないかもしれない，と分かります。若い時代は「なりたい」を優先したくなるかもしれません。が，「向いている」を探すことも重要です。

一方で，筆者への相談では，「やりたいことが分からない」「だから就活したくない」という学生も多いです。この悩みも真っ当で，理解できます。そんな学生は「向いている」が発見できると，就活へ前向きになれるのではないか。「向いている」は承認欲求が自ずと満たされます。もし，本著を親御さんが読まれていたら，ぜひ「〇〇に向いている」の言葉をお子さんに投げかけてあげてください。

❷ 就活の面接で「自分キャッチコピー」はこう使う

□ 「キャッチコピーで話す」を意識すると，こんな効果がある

面接に限らずですが，話がやたら長い人って，いますよね。おしゃべりな人，ではありません。ひとつの話が長い人，一文がやたら長い人を指します。筆者も人様のことは言えず，油断するとつい長々話してしま

いがち。特に広告企画のプレゼンテーションが危険。思いを込めすぎて、ついつい1つの話に長々と尺を使ってしまいます。聞き手の表情や仕草を見て、切り上げる術は掴んだものの、長話の危険は消えません。

そこで編み出した工夫があります。それは、**ボディコピーでなく、「キャッチコピーで話す」。分かりやすく言うと、一文を短くすることを意識するということです。**もっと別の言い方だと、聞き手の「**相槌シロをつくる」ということ。**かつての上司から「聞くは理性、話すは本能」と教わりました。口数の多い少ないに関係なく、人間の本能はそもそも「話したい」ものだとか。対して、人の話は「聞かなくちゃ」という理性を働かせて聞く。当然、そこで左脳がフル回転するわけで、聞くことは疲れます。

この前提を鑑みると、**理性でもって話を聞いてくれる人の脳疲労をできるだけ軽減させるには、相手にもしゃべらせる＝相槌シロをつくる配慮が有効**だと考えました。

「キャッチコピーで話す」と銘打ったのは、一文を短くしようと意識するよりも、筆者の場合、義務感が軽減されるからです。「一文を短く」とルール化すると、しんどくて脳残りが悪い。ところが「キャッチコピーで話す」だと、自分で考えたことなのに、「何それ？ウケるんだけど」とツッコミたくなり、脳に残存し続けるのです。まぁ、それは私がコピーライターだからであって、皆さんには違う方針がいいですね。**話し言葉を短くする「端的主義」**、と銘打つのはどうでしょう。「端的主義」がすでにキャッチコピーなので話がややこしいかもしれませんが、覚えやすいと思います。覚えやすいということは、その言葉を意識して「端的に話す」ことを習慣づけやすいということです。

「端的主義」にしろ「キャッチコピーで話す」にせよ、聞き手の脳疲労を軽減させるわけで、それは自分の好印象にもつながるはずです。

□ 伝えたいことは何か，端的に伝えられる

　長めの文章で話すダラダラしゃべりの弊害は，聞き手を疲れさせる以外にもうひとつ弊害があります。それは，「自分の個性が埋もれてしまう」ことです。個性が埋もれるだけでなく，伝えたいことが埋もれる，ぼやける，聞き手の記憶に残らない。ああ無情。なんてもったいないことでしょう。せっかくの資質やスキルが日の目を見ないなんて。

　しかしキャッチコピーで話せば，文字数が少なく，身軽なので聞き手に到達する球速が早い。理性で聞いている相手の負荷が軽減できているから，気持ちのいい相槌やリアクションが返ってきます。筆者はこのことをPodcastの出演で実験済みです。一緒に出演頂いている朝日放送テレビ・小縣裕介アナウンサーはどんなトークでも気持ちよく返してくれて，会話のキャッチボールってこういうことを言うんだ，とつくづく思いましたが，返し方に温度差がある。キャッチコピーで話した時のほうが，リアクションが大きいのです。

　例えば，「元気なうちは働き続けることを勧めます」と話した時よりも，「めざせ，無定年！」のほうがリアクションが大きい。さらに，「また新しいキーワードが出てきましたよ〜」とリスナーの期待をあおるような言葉で返してくれる。同じことを言っているのに，その差はハッキリと出ました。一文を短く，端的に表現することで，伝わり方はパワーアップします。

□ 「自分の売り」を端的に伝えられる「自分キャッチコピー」

　就活の面接でも，キャッチコピーで話せるとよいのですが，緊張する場面でその技を繰り出すことは難しい。そこで，自分の売り・強みを端

的に表した「自分キャッチコピー」をあらかじめ用意しておくのです。**「あなたの強みは何ですか？」「あなたの長所は何ですか？」と聞かれたら，「私のキャッチコピー（またはキャッチフレーズ）は○○○で…」と切り出せばOK。**あとは噛み噛みでも，たどたどしくても気にしない。自分キャッチコピーというツカミのおかげで，面接官の気持ちを惹きつけているからです。

さらに「自分キャッチコピー」には魔法のようなものが宿っています。**「それでそれで？力（りょく）」。続きを聞きたい。詳しく聞きたい。聞き手をそんな気持ちにさせる力がある**のです。ダラダラくどくど，私はこんな人間でございます，を語られても，聞き手はしんどいだけ。その中身によほどのインパクトがあれば別ですが，就活生が持つ経験に大差はなく，そこに紐づく強みや売りにも大きな違いはありません。だから，自信を持って伝え方を工夫すればよい。その工夫が「自分キャッチコピー」ということです。

強みが分からない，強みに自信がない学生はとても多いです。でも，伝え方の工夫でなんとかなるということ。「自分キャッチコピー」の力を信じて，つくり方を実践してみてください。

▶**自分キャッチコピーのツボ㉑**

自分の強み・売りは「自分キャッチコピー」で端的に。

③ ガクチカに潜む「面接崩壊」のリスクとは

☐ ガクチカが自慢話で終わる危険

　ガクチカ，と聞くと「ないんだよなー」と落ち込む学生は珍しくありません。特にコロナ禍の間は，サークルもバイトも思うようにできず，大学活動が制限されて，「エピソードがない」とぼやく。

　ちょっと待って。ガクチカって，そもそも「学生時代に力を入れたこと」の略。テレビのバラエティ番組でエピソード・トークを語るのとは訳が違います。採用側がガクチカを聞きたいのは，エピソードの中身ではなく，何に取り組み，どのように頑張ったか。その結果，どんな成長が果たせたか。「自発性」や「人となり」を見て，さらには「自分たちの会社に向いているか」という入社後に活躍する期待値を判断しています。したがって，「輝かしいエピソードや成果が必要」という思い込みがあると，ガクチカはまとまりません。

　「輝かしいエピソードが必要」と思い込み，幸か不幸か輝かしいガクチカが語れる学生もいます。ある俳句コンクールで入賞経験のある学生は，「就活，この経験推しで行きます！」と，気合を入れて話してくれました。コンクールの入賞経験を素材にするのはよいのですが，それだけではガクチカになっていない。エピソード・トークなんです。「どういうコンクールで，どんな作品で，どんな賞を取って，とてもうれしかった」以上です。これでは，学生の得意なことは分かっても，人となりは分からない。コンクールが全国的に有名であるがゆえに，話し方に熱が入るほど，自慢話にも聞こえてしまいます。筆者は教え子が優秀な成績を収めたエピソードを素直に喜べます。しかし，面接官は違う。**ガ**

クチカから人となりを感じ，入社してどんな貢献をしてくれるのかを想像しながら，学生と対峙しているのです。

　輝かしいエピソードの持ち主ゆえに，はまりやすい「面接崩壊」の落とし穴です。「私のガクチカはキラキラ輝いてないから大丈夫」と思った人，いませんか。自慢話にならなくても，ガクチカがエピソード・トークになる危険はあります。つまりガクチカは，聞く側の狙い＝自社に貢献できる人物捜しであることを理解して臨む必要があります。

☐ ガクチカを自慢話で終わらせないために
　「自分キャッチコピー」の出番

　大事なことなので繰り返しますが，採用側が重視するのは，エピソードのキラキラ具合ではなく，力を入れたプロセスに「人となりが表れているかどうか」の一点に尽きます。したがって，**特別な経験でなくてもよいし，結果が失敗に終わっていても構わない。エピソードの紹介に終わらず，自分がどんな成長を遂げたのか，そこに採用側は興味**を持っています。

　先ほど紹介した俳句コンクール入賞の学生に，「その経験で何を得たの？ひと言で言うとどんなこと？」と聞くと，言葉に詰まってしまいました。このまま面接に臨むと自慢系エピソード・トークになりそうで心配です。

　ここで「自分キャッチコピー」の出番です。コンクール入賞という輝かしいガクチカで得たことを，ひと言で表現する「自分キャッチコピー」をつくるのです。人となりが短い時間で伝わることも必要ですね。いきなり書いてはいけませんので，まず筆者が聞いたエピソードの要点を棚卸しします。

エピソードの要点

● 授業で俳句をつくった

● 俳句は季語などルールの下でつくるので**難しい**

● **優秀なライバルを横目にしつつ作品づくりを頑張った**

● **自分はダメだという悩みを抱えながらの俳句づくりになった**

● 有名なコンクールを目指した結果，入賞した

● 全国の人に見てもらえる場所に作品が掲出された

　この中で，筆者が注目したのは，下線の箇所。輝かしい話ではなく，辛かった思いのワードです。難しい・ライバル・悩み・自分はダメ。ネガティブな状況や悩みを抱えながら，たどり着いた栄光。このプロセスで得た成長をひと言で言う自分キャッチコピーは，「乗り越え力」です。辛かったことを乗り越えた状況を文章で説明するのではなく，ひと言＝名詞化することで，伝わりやすくなります。面接でも文章を暗記して臨むより，名詞化しておくと記憶に残せます。

　賞は結果であって，人となりを表してはいない。賞にたどり着くまでのプロセスが立派なのです。だから「乗り越え力」です。

　「学業の中でも，俳句に力を入れてコンクールで入賞し，乗り越え力を手に入れました」。面接で，ガクチカを聞かれたとき，こう切り出せば，面接官は「乗り越え力」に興味を持ち，質問してくれるでしょう。その質問がなくても，「辛かったことを乗り越えて入賞しました」と話すよりは，面接官の印象に残りやすい。賞獲りがいかに難関で，全国的にも有名だと語りすぎれば自慢話ですが，乗り越えた話なら人となりが伝わります。弱いところを見せれば，「かわいげ」もにじみ出てきます。

☐ ガクチカを学業の話にすると，良いこといろいろ

コピーライティング講座では，エントリーシートに使えガクチカ文を書く練習もします。そこではほとんどの人がバイトやサークル経験を書く。授業で「7割の学生がバイトやサークル活動を題材にした，というデータもあるよ」と伝えても，別の話をする学生はわずかです。なぜだろう。書きやすいのか。あるいは，書きたいからでしょうか。

筆者が強くお勧めするテーマは「学業」です。俳句コンクール入賞のように，輝かしい結果はなくてもいい。いや，ないほうが自慢系エピソード・トークの危険はなくなるから，好都合とも言えます。

他にも良いことがあります。どんな企業でも，学業を一番にがんばった学生にマイナスイメージは持たないでしょう。学業で得たスキルが，志望企業の仕事においてそのまま生かせる可能性もあります。ガクチカを「学業」に。ぜひ検討してください。

自分キャッチコピーのツボ㉒

ガクチカで得た成果をひと言で表すために，
「自分キャッチコピー」を使う。

❹ 面接崩壊を防ぐため「キャッチコピー記憶法」を使う

☐「キャッチコピー」だけ覚えて面接に臨む意味とは？

　「面接崩壊」の話はⅠ❸でもお話ししました。就活に真面目に取り組む人ほど，準備をしっかりします。想定問答集をつくり，面接で呼ばれる瞬間までそのメモを読み込む。メモはQ＆Aで，Aは長めの文章です。その文章を面接直前まで暗記しようとしている。ベテラン俳優でもあるまいし，長セリフを覚えることに合理的な意味はあるでしょうか。そうせずにはいられない気持ちは痛いほど理解できますが。

　しかし，苦労してせっかく覚えても（覚えたと思っても），いざ本番，面接官に呼ばれると頭が真っ白になり，言葉が全く出てこない。「面接崩壊」です。終わってから，「何を話したか覚えていません」と学生から悲しそうに報告を受けると，何と返したらよいか，こちらも悲しい顔になってしまいます。

　その点，オンライン面接の場合，メモを手元に置いても相手からは見えませんから，気が楽かもしれません。カンペ機能は対面面接より有効ですね。が，カンペを読んでる感じは，聞き手に分かってしまう。読みながら面接。そのこと自体は決定的に悪いことではないですが，ありのままの人柄が見えにくくなって，もったいないことです。

　もうひとつの「面接崩壊」は，集団面接。苦手どころか恐怖を感じている人も多いです。とにかく，自分以外の学生がみんな優秀に見える。でもそれは，ただのスーツ・マジック。「きちんとしたリクルートスーツで背筋を伸ばしていれば，みんな優秀に見えるだけ」と，励まして送り出しても，いざ現地に着くと怖気づいてしまうそうです。そんな学生

は本当に気の毒でなりません。周りが優秀に見えて仕方ない人は，別の見方をすると，たいていは謙虚な良い人柄。こういう人は必ず社会で，会社で必要とされます。どうかくじけないでください。

　以上のような「面接崩壊」を少しでも防ぐ，それが「キャッチコピー」だけを覚えて面接に臨む意味です。「キャッチコピー」だけを覚える具体的な方法を今からお話しします。

■ 「キャッチコピー記憶法」で強みを伝わりやすく

　緊張がぬぐいきれない人に届ける「強気をつくる武器」になるのが「キャッチコピー記憶法」です。言いたいことのすべてを「キャッチコピー化」するのですが，すべてが難しければ，３つに絞りましょう。

　「キャッチコピー化」は難しく考えなくてよいです。文章ではなく，短い言葉にすればキャッチコピー然とする。例えば，「自己PRをお願いします」とお題が出た場合，こんな具合です。

自己 PR のキャッチコピー変換例

● 仲間とのチームワークで物事を進められます

　➡ 「**チームワーク技に自信あり**」です

● みんなが嫌がることを引き受けて，人の役に立てます

　➡ 「**引き受け力**」なら負けません

● サークルでは，何かの企画をすることが大好きでした

　➡ **サークルで一番の「企画好き」**です

やっぱりちょっと難しいでしょうか。でもあきらめないで。自分

キャッチコピーのつくり方でもお話ししましたが，**一文の中で主となるキーワードだけを残して名詞化する。ネーミングにする。これがポイントです。文章で話した内容は，聞き手の頭に残りにくい。が，名詞化する，名称にすると，印象度が高まるのです**（ネーミング化の方法は，Ⅰ❾「エントリーシートの文章に効く「コピーライティング」3カ条」で詳しく話しましたので，そちらもご参照ください）。

　例文をよく見てください。チームワークに「技」を付けただけ。引き受けてに「力」を付けただけ。企画に「好き」を付けただけ。たったそれだけです。それだけだからこそ，覚えやすいし，聞き手もくどくど話されるよりは印象に残りやすいのです。

　ひと言，ポンとキャッチコピーで伝えられれば，後は野となれ山となれ。噛んでも，どもっても構いません。緊張するのは，一生懸命だから。その会社に入りたい，と強く願うから。余裕しゃくしゃくな人はどこかふてぶてしく，好感が持たれない人かもしれません。そもそも，スラスラ話すことが絶対と思わないほうがよいです。学生時代に何を学んで，何を身に付けたか，どんな人柄かが分かればよいのです。

　キャッチコピー化して話す人は，そうたくさんはいないはずで，（この本が爆発的に売れたら，そうとも限りませんが）**優秀に見えるライバルとの差別化が図れる。それが緊張しがちな人にとって「強気をつくる武器」になる**のです。

　言いたいことのすべてをキャッチコピー化することが難しければ，この本の主題である「自分キャッチコピー」をつくって，それだけをしっかり記憶して面接に向かってください。

□「キャッチコピー」の音読練習で記憶に埋め込む

　英語の学習でも必ず音読がありますが，キャッチコピー化でも同じです。面接に挑む前に，つくったコピーをぜひとも音読してください。

　音読力はあなどれません。コピーライティングの授業でも，自作のコピーを発表してもらいます。音読すると自分で気づくことがあります。なんだか読みにくいと思ったら，コピーの語呂が悪い，あるいは文法的におかしな言い回しになっていることが多い。聞き手のこちらが気づくこともあります。熱量が伝わってこないな，思ってもないことを借り物の言葉でまとめているのかもしれない，と。気づいて修正すれば，どんどん自分の見せ方が進化していきます。

　何度か声に出すと，言葉が自分になじんできます。こういう準備を行ったことが，自信につながります。就活面接の直前に，想定問答をまとめたメモを「見てください」と送ってくる学生が毎年現れるのですが，直前の場合，細かいことは指摘しないようにしています。就活マニュアルのコピペでなく，自分の言葉で書き上げていれば，それでよし。面接直前に文章を矯正するよりは，でき上がった言葉を自分になじませることのほうが大切なのです。音読準備，ぜひ実行してください。

自分キャッチコピーのツボ㉓

伝えたいことは「キャッチコピー化」して
音読を繰り返して自分になじませる。

❺ 授業では「挙手発表」で面接クリアの訓練を

□ 「要約力」を日々鍛える方法がある

　大事なことなので何度でも言いますが，面接の敵はダラダラしゃべり。なのにダラダラしゃべってしまうのは，性格のように身に付いてしまっている，あるいは友達との気楽な会話の中で染みついた「話の生活習慣病」かもしれない。性格か習慣か，いずれにせよ，スムーズな就活を目指して，早期発見・早期治療したいものです。あれ，完全に病気扱いだな。

　とは言え，体重がなかなか落ちないように，ダラダラしゃべりもなかなか直らない。ダイエットが日々の積み重ねと継続が大切なように，ダラダラしゃべりを直す言葉のダイエットも，習慣化と日々の積み重ねが大切です。

　では，何を習慣化するか。それは，授業における「挙手質問」です。発表の機会があれば，自ら挙手してください。挙手せず授業を終えるのは，機会損失と心得てほしいです。

　発表または質問の際に意識してほしいのは「要約力」。「要約しなきゃ」がプレッシャーなら，「手短に」と意識すればよいです。つまりは「キャッチコピー化」に話は戻るのですが，「手短に」を意識すれば，結果的にキャッチコピーで話すことになります。

　筆者の授業では，ダラダラしゃべりに陥った学生に「それ，ひと言で言うと？何が重要？」と聞き返します。「手短に言うと？」を声に出していうと，より厳しく感じるからです。先生の言い方がきついと学生は萎縮しますので，まず簡単に感心したり共感してから，上記のように問いかけます。実は，このやりとりも訓練を意図しています。学生は賢い

ので，「この先生は手短に話すことを求めているな」と察します。すると「手短」を意識する。意識すると，行動が変わります。人間のメカニズムってすごい。

　お笑い芸人さんが出演するバラエティ番組を見ていると，「手短」の重要性が分かります。録画の場合は，編集でカットされるのでしょう。ひな壇芸人さんもMCもみんな発言は手短。手短でないと出演時間が減らされるから，皆さん必死なはずです。彼らを見習って日々「手短」に話す「要約力」を鍛えましょう。

□「情熱の温度」を下げて話す

　「要約力を鍛えよう」。そう言われても，「要約する，手短に話す」はやっぱり難しいと思う人，きっと多いことでしょう。そんな人に「これなら出来るだろう」な技をお伝えします。それは**「話の温度下げ」**です。

　ダラダラしゃべりしてしまう原因はいくつか考えられますが，自分の好きなこと，興味のあることを話すときが多いです。好きなことを話すとつい熱がこもってしまう。誰にでもありますよね。偉そうに言う筆者にもありがちです。面接においては，ガクチカについて話すときが危険です。自分が打ち込んだことを話すので，知らない間に熱が入ります。結果，いつしかダラダラしゃべりに陥る。それはたいてい，くどくどと暑苦しく聞き手に負荷を与えます。

　「話の温度下げ」は，いきなり面接で意識しても出来るものではありません。普段の生活で習慣化しなければ。では，どう意識するか。それは，**自分の好きなことを話すとき，「情熱の温度」を下げる意識で臨む**のです。そもそも，自分が好きなことは，相手も好きとは限らない。聞くほうは理性と親切心で聞くのです。そこに感謝の気持ちを持てば，自

ずと「情熱の温度」は適正化されます。いきなり温度を下げると，エアコンと同じで，今度は寒くなったりします。話し方によっては「つまらなさそう」にも聞こえる。話が寒くならないためにも，聞き手が「聞いてくれている」という感謝の念を常に持つことが大切です。

□「手短って何文字？」には回答しない理由

さて，そのうち聞かれそうだなと思うのは，「手短の文字数」です。エントリーシートの文章に文字数の指示は付き物ですが，話し言葉で文字数を計測することに，筆者は意味を感じません。かつてある番組で，よくしゃべると称される男女の大物司会者が1時間に何文字しゃべるかを計測していました。結果，約20,000字で女性司会者の勝利でした。ここにどんな価値があるのか，筆者には分かりません。というのも，しゃべりはリズムや間合いの取り方，言葉の選び方によって聞こえ方が異なる。同じ文字数でも「よくしゃべるな」と聞こえたり，聞こえなかったりする。それは，筆者がCM制作者として実感していることです。文字数が多いナレーションなのに，ゆとりを感じさせる人は力量に優れている。早口でもメッセージが伝わる人，これも力量と言えるでしょう。どちらの人も自分なりのリズムで話しています。

この経験から，「手短って何文字？」には数字で回答しないことにしています。話す人のスピードやリズム感によって，「手短」か「ダラダラしゃべり」か，それぞれ感じ方が異なり一概には決められないからです。何か回答するなら，人の話を聞きながら「手短と思える長さ」です。文字数よりは話の長さを意識する。料理で調味料を「適量」と言われて，それは小さじどれくらいの分量？と聞く人がいます。料理の先生はたいてい「それは経験で」と言う。「手短」の文字数も，料理の適量に近い

ものがあります。日々の授業の中での訓練と経験で,「自分なりの手短」の適量が育っていくのです。

自分キャッチコピーのツボ㉔

「要約力」は,「手短」に話す訓練で養われる。

> ### コラム　強みをひと言で言えた「自分キャッチコピー」
>
> 　4章Ⅱ❸ガクチカの話で紹介した学生に,「自分キャッチコピーの授業で得た成果」は何かとヒアリングしたところ,次のコメントが返ってきた。
>
> 　「私の自分キャッチコピーは『弱さをチカラに』です。それまでは,臆病だったり繊細な性格だったりとかが本当に嫌だったんですけれど,大学でのいろいろな活動を通して変わっていったという強みを,キャッチコピーで伝えられました。俳句コンクールで入賞した作品は,自分キャッチコピーを別の形で体現したものと言っても過言ではないです。さらに学内の創立周年記念キャッチコピーのコンテストにもチャレンジして,コピーライティングの授業で培ったものが,私の原動力になっています」
>
> 　俳句コンクールの作品は,「書き出した悩み雪解水（ゆきげみず）となれ」。学生らしい瑞々しい感性が,まさに水のようにほとばしっている。同時にネガティブ志向の自分をポジティブに転換させた晴れやかな表現だ。俳句のことはよく分からないが,心の変遷が審査員の心にも響いたと思う。
>
> 　企業によっては,エントリーシートや面接で,強み（長所）・弱み（短所）を聞いてくる場合がある。その体験を俳句に表現したようだ。しかし,自分キャッチコピーの授業では,弱み・悩みは書き出していない。長所と特徴を挙

げてもらった。その作業で，力を入れている俳句の活動を挙げ，自分の来し方を俯瞰できた。結果，臆病で自信がなかった自分の進化に気づいたのだろう。

「キャッチコピーは，書くことではなく，気づくこと」と授業でくどいほど繰り返しているが，この学生は，これからの人生で効き続けるであろう「気づき」を手に入れた。それはコンクール入賞という裏づけがあってのことだが，今後も訪れるであろう人生の艱難辛苦においても，「弱さをチカラに」で乗り越えてくれるだろう。ネガティブな事柄をポジティブに転換するしたたかさは，就活においても武器になり得るはず。

就活のしんどさを被害者意識で捉えると，どこまでも辛い。前向きに頑張ろうと，自分に言い聞かせるのも息苦しい。しかし，自分キャッチコピーの「弱さをチカラに」を胸ポケットにしのばせていれば，このしんどさをチカラに変えてみせる！と軽やかに進んでいける，筆者はそう信じる。艱難汝を玉にす（かんなんなんじをたまにす）。苦労・困難を乗り越えることによって，立派な人物になるという教えもあるから。あ，こう聞くと重くなるかな。軽やかに進もうね。

Ⅲ　大学入試に効く「自分キャッチコピー」のつくり方

❶ 志望理由書の前に「自分キャッチコピー」をつくる意味

□ オリジナルな「志望理由書」がつくれない環境

ここでは，高校生の大学入試に役立つコピーライティングについて話

します。本著を高校生が手にしてくれる可能性は低いと考えるので，大学生は弟妹や後輩に，親御さんはお子さんに，このⅢを読ませてあげてください。

　直接的な受験テクニックは，その道のプロにお任せするとして，本著では，「自分キャッチコピー」をつくることで，**大学入試に必要とされるオリジナルな表現力を身に付ける，その効率的な方法**をお教えします。

　大学入試では，「学校推薦型選抜」や「総合型選抜（旧AO入試）」による入学者が年々増えているそうですね。学校推薦型・総合型選抜の書類選考で**調査書と並んで重視されるのが，「志望理由書」。合否に関係する大切な書類**と位置づけ，受験のプロは以下のように指南しています。

　　ある大学では，志望理由書の記載内容や文章力を点数付けして評価し，**合否判定の総得点に加えています**。
　　また，**点数化されなくても，合否判定の際に志望理由書の記載内容が参考にされる**ケースもあります。
　　作文集の見本を少しアレンジして志望理由書を作る……というようでは，その大学に対する熱意が伝わらないばかりか，志望理由のつじつまが合わなくなってしまうかもしれません。
　　そのため，自分の強みや価値観などを紐解く**「自己分析」にしっかり取り組んで，自分だけのオリジナルな志望理由を書き上げる必要がある**のです。

（引用：まなビタミンpowered by ㈱東京個別指導学院）

　自分だけのオリジナルな志望理由。大学生の就活と全く同じことが求められていますね。にもかかわらず，ネットには，受験対策の情報とともに，志望理由書の作文見本があふれている。これらの情報に背を向けて，オリジナルな文章制作に向かっていくのは，大変な精神力と力量が

必要だと想像します。コピペしてちょこっと手直し。それでなんとか形になってしまうから。しかし，それはマニュアル通りの文章で，そこは絶対に隠せない。読み手に分かってしまう。

　さらに，厳しいのは「志望理由書」の中身。求められる書類には，「志望理由」で300 ～ 400字，「自己PR」で600 ～ 1,000字という字数の規定があります。

　筆者は4つの大学で講師を経験していますが，学校の偏差値に関係なく，全般的に学生の文章力が下がっている実感があります。中学・高校になると教科数が増えるため，作文指導に時間が割けないのでしょう。学生は，長い文章を書く訓練が圧倒的に足りない環境に置かれている，というのが現状です。

☐ オリジナルな志望理由書のために「いきなり書かない」から 始める

　そんな高校生たちが，いきなり長文の志望理由書を書けるのでしょうか。そこで本章では，**作文に苦手意識がある高校生に向けて，入試に必要な文章力を身に付ける「自分キャッチコピー」**制作についてお話しします。作文が苦手なのに，コピーなんて書けない！そう思いましたか？「自分キャッチコピー」は，志望理由書を書き上げる前の下準備。スポーツに例えると，準備運動やストレッチのようなものです。だから，**「自分キャッチコピー」は書くものではない。自分は何者か，どんな強みがあるのかを見つけて形にするもの**です。文章力がない，ボキャブラリーが足りないなどと，恐れる必要はありません。

　しかし，「自分キャッチコピー」はストレッチや準備運動にとどまりません。大学受験の「学校推薦型選抜」や「総合型選抜（旧AO入試）」

のいくつかの場面で，武器として使えるのです。

□ 難しい「自己分析」の前に，「自分観察」

　志望理由書を書くには「自己分析」が必要と，その道のプロが言っています。高校生に「自己分析をせよ」と。「分析？ムズいんですけど！」と，途方に暮れませんか。

　ネットでは，自己分析についても情報があふれています。志望理由書の書き方も，自己分析を行う意味も，丁寧に指南されている。

　そう，丁寧なんです！丁寧は難しい。丁寧を理解するには，相当な読解力が必要。文章力と読解力はセットです。高校生の文章力が落ちている中，丁寧を読みこなす読解力は果たして備わっているでしょうか。

　「自分キャッチコピー」は，文章力や読解力に自信がない高校生にこそ，取り組んでほしいテーマです。入試の直接的なテクニックとは異なりますが，決して遠回りさせるものではありません。

　「自分キャッチコピー」は，形にする前に「自己観察」を行います。分析ではなく，観察。観察は小学生の頃やっていますね。昆虫や植物の観察のように，自分について気づいたことを次々と書き出していく。これが観察です。観察からは，必ず気づきや感情が生まれます。この気づきや感情を，短い文で表す。それが「自分キャッチコピー」です。「自分キャッチコピー」のメリットを整理すると，

- ●面接官への端的なアピール材料になる。
- ●自分に自信を持ち，ベストな状態で面接に臨める。
- ●志望理由書の総論＝コンセプトが定まる。

以上の3つが挙げられます。ストレッチや準備運動にとどまらない，具体的なメリットと使い道がある「自分キャッチコピー」を，ぜひつくってみてください。

●自分キャッチコピーのツボ㉕

文章力と読解力が不安な人こそ，「自分キャッチコピー」。

❷ 面接で「自分キャッチコピー」をどう使うか

☐ 面接はマニュアル通りで大丈夫？

面接のハウツー情報も，ネットや書籍でいろいろ出ていますね。こちらも情報が多く丁寧に伝えられています。就活面接となんら変わりない。前向きに捉えると，大学入試で面接を経験しておけば，就活に向けた練習になりそうです。しかし，気にすることが多いですね。身だしなみから言葉遣い，返答のNG集などなど。なるほど，こういう情報を取り込んでいくことで，マニュアル学生が増えていくのかもしれない。マニュアルを求めている学生や親も多いから，需要と供給のバランスは取れているのでしょう。

しかし，筆者は危惧します。

マニュアル通りの高校生は，面接官にとって魅力的だろうか。 反マニュアルで個性が悪目立ちしてもいけませんが，大学は義務教育ではな

109

いし，単位を集めて大卒という肩書きや学位を取るだけの場所でもない。研究の場なんです。一緒に研究して面白くなる，その可能性を秘めている高校生か。そこを大学の先生は感じ取るはずです。何歳になっても勉強を好きな人が，大学の先生になっているわけで。

　さらに，もうひとつの危惧は，**マニュアル通りの自分をつくって晴れて大学に入学しても，どこかの時点で自分を見失うのではないか，です。**現に筆者のもとには，「卒業後，何をすればよいか分からない」「就活がなぜ必要か分からない」という大学生の声が届きます。深刻に相談されることも珍しくありません。みんな真面目で，授業もレポートも一生懸命取り組む。なのに，何かが足りないのです。「与えられたことは，しっかりできるけど，自分で何かをつくりだすことができない」，そういう大学生もいます。

　入試でマニュアル通りの自分をつくれば安心でしょう。真面目を打ち出し，安全運転の面接。しかし，それで入試を突破しても，その先の人生をイメージできる自分になれているのか。少し立ち止まって考えてほしいのです。

■ 覚えておくことが多いと，面接で言葉がすっと出てこない

　ちょっと，不安になりますか。でも安心してください。**「自分キャッチコピー」は安全安心な面接の範囲内で，活用できるツール**なんです。なんと言っても，コピーは文章表現ではありません。だから，面白い言葉や言い回しをしてしまう危険もない。そのためには，この後に説明するつくり方のプロセスを守る，絶対に「いきなり書かない」ことが前提になります。

　面接における想定問答集に書かれている質問は実にいろいろですが，

「自分キャッチコピー」が役に立つであろう質問は，以下の３つが考えられます。いずれも頻出質問として挙げられています。

1. あなたの長所と短所を教えてください。
2. 高校生活であなたが特に頑張ったことはなんですか？
3. 好きな科目はなんですか？

まず「1．あなたの長所と短所を教えてください」の回答例を考えてみましょう。

→ 質問1「あなたの長所と短所を教えてください」回答例

> 長所は**「やってみる精神」**です。難しいことでも挑戦する姿勢で高校生活を過ごしました。短所は「ちょっと無鉄砲」です。これは母から言われた言葉で，なんでもやってみることが，時には無鉄砲な行動で周囲はハラハラするそうです。最近では何かを挑戦する前に，ひと呼吸考えるようにしています。

1の回答例では，**「やってみる精神」**が「自分キャッチコピー」です。「やってみる精神」をマニュアル的な文にすると「長所は，なんでも積極的に挑戦するところです」となります。どちらが面接官にとって印象的でしょうか。受験生はどちらが記憶しやすいでしょうか。文章よりも文字数が少ない「やってみる精神」のほうが，覚えやすくないですか？印象的で記憶しやすくなる。いろんな回答を用意して臨んでも，面接では緊張して頭が真っ白になってうまく言葉が出てきません。そんな面接の心強い相棒が，「自分キャッチコピー」なのです。

この回答例のもうひとつの特徴は,「**長所と短所が表裏一体**」になっていることです。短所が長所の言い換えであれば,弱点という印象は弱まります。短所を補う姿勢も,言いやすくなりますね。

□ 面接で「丁度いい個性」が表現できる

他の質問でも回答例をつくってみましょう。

➡️**質問2「高校生活であなたが特に頑張ったことはなんですか?」回答例**

> 「**文芸部・存続大作戦**」です。私が所属していた文芸部は,部員がなかなか集まらず,10人を切ると廃部になるのが学校のルールでした。そのため,新入生歓迎会で積極的に入部勧誘をしたり,ポスター制作をして毎年10人をクリアし,文芸部は存続しています。

　この回答例では,「**文芸部・存続大作戦**」がキャッチコピーです。「自分キャッチコピー」として形を整えるときは,「**文芸部・存続大作戦リーダー**」と人を表す言葉を付けるとでき上がりです。

　「**文芸部・存続大作戦**」もマニュアル的な文にしてみましょう。「特に頑張ったことは,文芸部が廃部にならないようにすることです」。比べてみて,いかがでしょうか。その差は歴然ですね。キャッチコピーのほうは「大作戦」という元気な言葉を使っていますが,文章のほうは「廃部」という,聞くだけで暗い気持ちになる言葉が使われています。「~ならないようにすることです」も,言いがちな言葉遣いですが,くどい印象を与えます。

　ちなみに3「好きな科目はなんですか?」は,「国語です」とだけ答

えるのはNGだそう。素っ気なくて，やる気がないと思われるそうです。
「自分キャッチコピー」を使うと，こんな回答になります。

➡質問3 「好きな科目はなんですか？」回答例

> 好きな科目は国語です。いろんな文学作品を読むことで**「言葉貯蓄」**が
> できて，見聞も広がるからです。

違いはもう分かりますね。**「言葉貯蓄」**という「自分キャッチコピー」
で素っ気なさは解消です。

自分キャッチコピーのツボ㉖

「自分キャッチコピー」で，脱マニュアル文。
面接官の好印象をゲット。

❸ あがり症だからこそ，「自分キャッチコピー」

☐ カンペをつくっても，本番では使えない

　面接に備えて想定問答集をつくる人はきっと多いことでしょう。筆者
も，大学院の口頭試問に備えてつくりました。こう聞かれたら，こう答
える。書いたものを覚えようとする。覚えるために何度も音読する。し
かし…面接本番になると，緊張してすべて忘れます。さらに筆者の場合，

想定した質問は全く聞かれなかった。トホホです。広告の仕事はプレゼンの連続ですが，筆者も実は強度のあがり症なんです。

　大学入試を控えてあがり症で悩んでいる人，きっと多いですよね。ヤマが外れるかも。心臓がバクバクしていることさえ分からなくなるかも。手足は震える，声も震える。あぁこうして書くだけで，手のひらが汗ばんできます。

　しかし，筆者は長年あがり症なりの工夫をしてきました。プレゼンの場合，声に出して何度もリハーサルを行う。天満宮のお守りをポケットに入れる。スーツはその年のラッキーカラーを着る。パワースポットと言われる場所の写真を携帯電話の待ち受け画面にする…。これら**長年の試行錯誤で最も手ごたえを感じたのは，「話す要素の箇条書き」です。文章はダメです。いざ本番になると，文章なんて出てこない。頭が真っ白になると，脳から言葉は消え去る**んですね。何度もこんな経験をしました。

□ あがり症は，準備を間違えると大変なことに

　あがり症に限らず，「面接も準備をしっかりしましょう」と受験のプロは言っています。「先生を相手に面接練習をしましょう」「質問の返答をしっかり考えておきましょう」など，こちらも丁寧にいろいろな準備メニューが提示されています。

　筆者も含めた，あがり症友の会で話し合ったことがあります。なぜあがってしまうのか。そこで分かったことは，あがり症に隠された精神性はいろいろあれど，「よく見られたい」という気持ち，「完璧でありたい」という強い意志があると。筆者の場合は，後者の完璧主義。でも，その精神性を変えよう，というのは無理な話だし，必要もありません。

良く見られたい，完璧に見られたい人は，面接では話したい良いことが，たくさんあるのではないか。あれも伝えたい，これもアピールしたい。きっと優秀な人なんです。でも，短い面接時間ですべて伝えることは不可能。それに，こちらが聞いてほしい質問をしてもらえるかは未知数です。全く想定していなかった質問をされることも，入試では珍しくないようです。

　したがって，あがり症を自覚する人は，話したい要素を絞ること。「自分キャッチコピー」は，絞り込みの究極です。ここだけは絶対に伝えたい，最もアピールしたいこと。最も分かってほしい自分の姿。これが凝縮された「自分キャッチコピー」を固めてください。その上で，入試マニュアルに書かれている質問にどう答えるかの，まとめメモをつくる。しかし面接本番では，メモに書いた大半は忘れてしまいます。なにせあがり症ですから。でも「自分キャッチコピー」だけは，握りしめた手の中から逃げてはいかない。あなたを裏切らない。「自分キャッチコピー」は，コピペや借り物の言葉ではないから，しっかりと自分の脳と心に踏みとどまるのです。だから緊張しても，言葉に出せるはずです。

□ 「箇条書きマジック」であがり症をカバーする

　と，「自分キャッチコピー」のメリットを熱く語りましたが，それでもキャッチコピーをつくるのはハードルが高い，面倒臭いと思う人は，せめて面接回答メモを「箇条書き」にしてください。就活の大学生にもよくあるパターンですが，まるで演劇の台本のように，話し言葉の文章でまとめている。そして面接本番の直前まで，メモを見て口元をブツブツ動かしている。これ，明らかに無駄です。あがり症でなく，記憶力に自信がある人でもやめたほうがいい。なぜなら，文章にするとどうして

も要点がぼやけるから。大事なキーワードが埋没して，何が要点なのか自分でも分からなくなるのです。

だから，伝えたい要点だけをポンポンとピックアップした箇条書きにするのがよい。キーワードだけなら，緊張する面接の場でも思い出しやすい。しかも，そのキーワードはすでに要点になっているし，話す言葉は自分の言葉になるため，面接官に伝わりやすくなる。「箇条書きマジック」です。

この「箇条書きマジック」は確かに存在します。

筆者は**仕事のメールでも箇条書きで伝えます。分かりやすいから，要件がスムーズに伝わり，ミスが生まれない**。さらに，筆者の箇条書きを受け取った人は，真似をして同じように箇条書きでメールをくれます。箇条書きのメールをもらうと，この人は頭がいいな，という印象も持ちます。これも「箇条書きマジック」でしょう。ミスなく仕事が進む箇条書きは，要点が間違いなく読み手の頭に入るということです。

「箇条書きマジック」，面接の準備メモにぜひお勧めの手法です。

あがり症による緊張は，悪いことではありません。緊張が分かるほうが，真摯さが伝わってきます。態度が悪いことを「緊張感がない」というネガティブな言い方をする場合もあります。緊張は，真摯な姿勢が伝わるあがり症の強みと考えながら，面接準備には「自分キャッチコピー」や「箇条書きマジック」を取り入れてみてください。

◆ 自分キャッチコピーのツボ㉗

あがり症は，最重要な言葉を「自分キャッチコピー」にしておく。

116

❹「ダラダラしゃべり」をやめるための「自分キャッチコピー」

☐ 箇条書きで，脱「ダラダラしゃべり」

緊張すると言葉が出てこない人もいますが，逆にダラダラとしゃべりすぎてしまう人もいます。「ダラダラしゃべり」。これも面接の敵，面接崩壊まっしぐらです。❸でお話したとおり，**箇条書きは書くだけでなく，話す時も有効。「箇条書きトーク」で，ダラダラしゃべりを防げます。**

でも箇条書きで話すって，どういうこと？ポイントは3つです。

（1）一文を短く

これは日常会話で意識して，日々訓練することが可能です。自分ばかり話さず，話に切れ目をつくって相手のしゃべりシロをつくる。この相手ファーストで人間関係まで好転しますよ。

（2）「なんか接続」をやめる

話に句読点を打つように「なんか」を入れてしまう。「サークル活動では，なんか，和を乱す人も，なんか時々いて，なんか辛くなるんですが…」という具合です。息継ぎのような感じだから，次々話をつなげられてしまう。「なんか」で給水，パワーチャージできるから，ダラダラしゃべってしまう。「なんか」は口癖です。直すよう心がけましょう。偉そうに言う筆者も，気がゆるむ家族との会話で時々言ってます。気をつけなきゃ。

（3）語り出しで「要点の数提示」

　話始めに「ポイントは2つあって，」と切り出す方法です。こう話し始めると，頭の中は要点を2つに整理している。整理された事柄はおのずと箇条書きになっています。話し手のメリットはありますが，聞き手も「ポイントは2つなんだ」と整理しながら聞くので，理解がスムーズです。さらに，この話し方は「頭をよく見せる」という副産物もあります。面接の比重が高い大学の受験生には見逃せないですね。実は，今，この話の冒頭で「ポイントは3つです」と，見本を示しました。気づいてもらえたでしょうか。

◻︎ 面接形式「ディスカッション型」には「ダラダラしゃべり」の危険

　5〜8人のグループで，決められたテーマについて議論する「ディスカッション型」面接。面接官は議論の輪に入らず，外から審査しているそうです。発言内容だけでなく，良い結論を導き出そうという協調性も見られているとか。

　これは難易度の高い面接形式ですね。自分の意見をしっかり言う，人の意見に耳を傾ける，感情的にならない，自分のセールスポイントの裏づけになるふるまいをする……。面接マニュアルは注意ポイント満載です。

　注意ポイントが多いほど，緊張度も高まるでしょう。これは，練習を何度も積むことは必須ですが，筆者の提案は，この面接こそ「箇条書きトーク」を意識してほしいです。

　筆者が所属する広告会社では，日々，グループ・ディスカッションが多く行われています。その時，議論の場を停滞させるのが「ダラダラしゃべりによる話の脱線」と実感しています。筆者はディスカッション

の場で司会をすることも多いのですが、「今，その話じゃないのに！」とイライラすることがあります。議論の流れを無視して，自分の言いたいことをダラダラしゃべる。どう考えても印象最悪ですよね。ディスカッション面接でも同じだと思います。

優秀だな，と感じるのは，人の意見をきちんと聞いて，議論の流れに沿った意見が言える人。人の意見をきちんと聞く「傾聴」と，議論の流れに沿った「箇条書きトーク」。この２つを意識することで，振る舞いの好感度は上がると思います。

□ 面接形式「プレゼンテーション型」にも「ダラダラしゃべり」に陥る危険が

近頃増えているというのが，受験生にプレゼンテーションを求める面接形式。こちらは**ディスカッション型と比べて自分のペースを維持しやすく，話しやすいものの，それゆえ「ダラダラしゃべり」になる危険大**です。

筆者はOSAKA未来プレゼン大賞というプレゼン・コンテストの審査員を拝命しています。パワーポイントを見せながら，未来を良くするアイデアをプレゼンする動画を審査するのですが，ダラダラしゃべりの人，多いです。熱がこもるほど「ダラダラしゃべり」になってしまう傾向があります。熱がこもるのは優秀ゆえに，ですから，話し方で印象が悪くなるのは実にもったいないこと。

話が脱線して説明が意味なく長い「脱線ダラダラ」は，プレゼン動画でも見受けられます。話が別の方向に行き，表示されているパワポと話がつながらないパターン。これは，そもそもの準備不足が原因ですが，準備の仕方にも問題があるのではないでしょうか。

間違った準備とは，「プレゼンで話す内容を文章でまとめる」こと。**文章でまとめて暗記しようとしているのですが，緊張するとスラスラと出てきません。**筆者もプレゼンに慣れていない駆け出しの頃は，プレゼンで話す内容を文章にしていました。文章にすることで，内容が頭に入るという利点はあります。が，プレゼン時にスラスラと言葉が出てこない場合，パニックになってしまいます。

　その点，「一文を短く」を心がける「箇条書きトーク」なら，プレゼンに余裕が生まれます。さらに，映写する資料やパワーポイントも「箇条書き」でまとめると，それがカンペにもなりますので，一石二鳥ですね。

●自分キャッチコピーのツボ㉘

脱・ダラダラしゃべりには，「箇条書きトーク」。

❺ 面接向け自分キャッチコピー「制作方法4ステップ」

☐ シンプルなステップだから順序を踏もう

　「自分キャッチコピー」が，入試の面接で有効活用できることを，さまざまな角度から話してきました。ようやくここに来て，「自分キャッチコピー」のつくり方をお話しします。ポイントは，いきなりコピーを書かない，4ステップの順番を踏襲する，この2点です。

大学入試版・自分キャッチコピーのつくり方「4 ステップ法」

Step 0
ターゲットを意識する
（大学の面接官）

Step 1
**自分の長所・特徴を
棚卸しする**

Step 2
コピーのジャンルを選ぶ

Step 3
棚卸しした長所・特徴の
どれをコピーにするかを考える

Step 4
３で選んだ長所または特徴を
端的な一文（コピー）に仕上げる

（出典：筆者作成）

Step 0 ┃ターゲット（大学の面接官）を意識する

　広告のコピーでは必ず伝えたい人＝ターゲットを意識します。入試の場合，ターゲットはハッキリしています。大学の面接官です。面接官がどんなことを思って受験生と向き合うか，これもハッキリしています。**受験生はなぜ我が校を志望するのか，高校時代にどんなことに打ち込み，どんな成長をしたのか。**そこから，我が校の大学生としてふさわしいか，

その人となりを見極めようとします。まずは，面接官のスタンスを念頭に置いてください。

Step 1 ▌自分の長所・特徴を棚卸し

「棚卸し」とは，スーパーやコンビニの商品を棚から一旦出して，数を数えて在庫を確認する作業のことです。「自分キャッチコピー」も同じ。自分という棚から，長所や特徴を引っ張り出すのです。

注意してほしいのは，**長所と特徴は別物だということ。長所は，「性格における強み」のこと。短所を考える必要はありません。**

特徴は，「資格や特技・部活・力を入れた勉強」のことです。この頑張ったことにどんな思いがあるか，も書き出しましょう。うれしかったことだけではなく，失敗して辛かったことも棚卸ししてください。書き出す時は，必ず「箇条書き」で。文章にする必要はありません。

長所・特徴はそれぞれ5つを目安に書き出せるといいですね。**長所に関しては，自分ひとりで考えるのではなく，家族や友達に聞くことをお勧め**します。これはかなり効果的。5つがなかなか浮かばない人こそぜひ，家族や友人へ取材をしてみてください。自分で気づいてなかった長所（強み）や，大したことはないと思っていた特技が発見できるかもしれません。

Step 2 ▌コピー表現のジャンルを選ぶ

棚卸しした長所・特徴を，どのようなコピーにするか。迷う時間を減らすため，4つのジャンルを設定しました。この中から，ピンとひらめいたジャンルを選ぶと，**Step 4**で，どんな言い回しのコピーにするか，その方針を決めることが出来ます。

➡️ コピー表現〈4つのジャンル〉

A.特徴ドレスアップ

　…特技・部活の活躍をよりよく見せる

B.個性推し

　…他の人にはない，強み・特技を前面に出す

C.ポリシー宣言

　…自分の生き方・方針を宣言する

D.自虐的

　…あえて自分の弱いところを抽出し，ポジティブに言い換える

Step 3┃棚卸しした長所・特徴のどれをコピーにするか考える

　棚卸しした事柄の中で，どれを「自分キャッチコピー」にするかを選びます。単純に自分で自信がある事柄を選べばよいのですが，**志望する大学・学部が求める学生像とマッチングしそうな事柄をキャッチコピーにする**のがよいでしょう。結論を出すのに時間がかかるかもしれません。しかし，**「棚卸しした事柄がそのままキャッチコピーになる」場合もあります。それは自分という棚から引っ張り出した言葉だから，自信を持ってコピーとして成立させましょう。**ネット検索では出てこないオリジナルな言葉を大切にして，最後のステップに進みます。

Step 4┃選んだ長所・特徴を手短な一文（コピー）に仕上げる

　ここがコピーの仕上げ，最終段階です。繰り返しになりますが，言葉を着飾る必要はありません。ここで意識してほしいのは，ただ1つ。「自分の言葉」かどうか。ネットの作文集をコピペしたような一文ではなく，自分が考えて生み出した言葉であることが大切です。

短い言葉にするにあたって，お勧めの方法は，**主となるキーワードの「名詞化」です。**自分で自分にニックネームをつけるという発想でもよい。

ここで，ある高校で行ったコピーライティング講座で学生がつくった「自分キャッチコピー」を例として，紹介しましょう。

➡ 高校生の「自分キャッチコピー」例① 「個性推し」

Step 1. 長所・特徴を書き出す(棚卸し)
Step 2. 長所・特徴のどれをコピーにするか選ぶ 　　　　合理的　　　　隠さずはっきり言う
Step 3. コピー表現のジャンルを選ぶ(以下のどれかを○で囲む) 　**特徴ドレスアップ/個性推し/ポリシー宣言/自虐的**
Step 4. 自分キャッチコピーに仕上げる。 　　　超合理的 ハキハキ少女

棚卸しの欄は残念ながら空欄ですが，「隠さずはっきり言う」という長所を見つけ，「超合理的ハキハキ少女」と，ニックネームをつけた例です。

もうひとつ，ポリシー宣言のジャンルを選んだ例を紹介します。

Step 1. 長所・特徴を書き出す(棚卸し)
・社交的　・効率重視　・バトン　・苦手なことも頑張る

Step 2. 長所・特徴のどれをコピーにするか選ぶ

・バトン　・苦手なことでも頑張る

Step 3. コピー表現のジャンルを選ぶ(以下のどれかを○で囲む)

特徴ドレスアップ/個性推し/ポリシー宣言/自虐的

Step 4. 自分キャッチコピーに仕上げる。

・バトンも やる気も 落とさない

第**4**章　就活・受験に効く「自分キャッチコピー」のつくり方

　しっかりと4つのステップを踏んだ結果，バトンという特技と長所をつなげて「バトンもやる気も落とさない」という個性的なポリシー宣言のコピーができ上がりました。このコピーは入試の自己PR文にも面接にも使えると思います。

　このように，ステップを踏んで各項目を埋めていくと，自分の言葉による「自分キャッチコピー」ができ上がります。しかも短い時間です。どちらのコピーも制作時間は20分でした。

□ いきなり書くと，言葉遊びに終わる危険

　高校生向けコピーライティング講座では，どうしてもいきなり書いてしまう，**Step 4**をいきなり埋める生徒が出現します。高校生は感受性が人生でピークの時期ですから，J-POPの歌詞を書くように，コピーっ

ぽい一文はつくれてしまうのでしょう。同時に，長所・特徴を埋めるのは難しいことが露呈する。自分で自分のことは分からないということが，残念な形で証明されるのです。しかし，**いきなり書いたコピーは，ダジャレや名前の連呼など，言葉遊びに終わることが多いです。入試面接の材料として使うコピーは，「自分観察」，ここで言うStep 1 と 2 にも基づいた言葉でなければ，有効活用はできません。**どうか逃げず，自分を棚卸しして，「自分観察」を行ってください。「自分キャッチコピー」という形にならなくても，**Step 1 と 2 を行うだけでも価値があります**から。

☐ 世の中への宣言は，大学生活の方針

「名詞化」もよいですが，**「世の中への宣言」になっている「自分キャッチコピー」もいいですね。入試面接向きのコピーです。広く世の中を見渡している姿勢が見える学生は，大学にとっても魅力的です。**

例えば，「新聞・本読む宣言」というコピーは，飾り気がなくストレートですが，自分の強みを見つけた良いコピーです。自分の長所として，「新聞・本を読む」を挙げて，そこに「宣言」という言葉を付けるだけで，スケールの大きさを感じさせます。面接でこの言葉を使うと，勉学に勤しむ大学生活を送る期待が持てます。

このように，今と現在の自分を棚卸しして，未来，すなわち大学生活の方針がイメージできるコピーになると，面接だけでなく志望理由書でも使える言葉になるはずです。

言葉遊びに終わらぬよう，4つのステップを踏んでつくる。

コラム　面接は，見た目より「うなずき」が9割

　高校でゲスト講師に呼んで頂くことがあります。オンライン，リアル，どちらの場合でも思うこと。それは，感じのいい学生って「よくうなずく」。ルックスは関係ない。話の節目，「ここ重要！」と力を込めたところで大きくうなずいてくれる。それだけで学生への好感度がグーンと上がってしまう。単純だなぁ，我ながら。「うなずきマジック」にまんまとのせられて。いやいや，うなずくってことは話をしっかり聞いて受け止めてくれた証。聞く力が備わっている証拠。マジックは不適切だった。失礼しました。

　「うなずき」は授業だけでなく，大学入試の面接でも通用すると思う。大きくしっかりうなずいてもらえたら，面接官も悪い気はしないはずだ。

　では笑顔はどうなのか。「うなずき」と同じくらい笑顔も大切では？という意見があるかも。うーん，偏見ですが，筆者は笑顔に作為を感じて好感が持てない。それはCM制作で行う出演者のオーディションの経験による。2,000人くらいの人と面接したが，笑顔1,000%の人はどうも胡散臭い。監督の気を引こうという意気込みが前面に出すぎていて，質疑応答の中身が頭に入ってこないのだ。自意識過剰な印象も残り，オーディションの結果は推して知るべしである。高校生の場合，CMをきっかけにブレイクしてやろうという野心がさらに強く出る子も珍しくない。野心よりも人となりに触れたいのになぁ。

　念のため言っておくと，自然な笑顔まで否定しない。笑顔が地顔の人，いるからね。ちなみに筆者は幼少期，母親から「女は愛嬌。いつも笑顔を忘れたらあかん」と言われて育った。なのに幼少期の写真はいつも考え事をして

いる不気味な表情ばかり。子どもらしい愛嬌とは程遠い。残念！母親のしつけ，成果なし。ま，それはさておき，女子は笑顔教育を受けてる人，多いんじゃないかな。笑顔は正しい。笑顔は必要。笑顔バンザイ。

　しかし入試の面接では，緊張して笑顔が地顔の人でも表情がこわばるのではないか。自然に笑顔にはなれないのではないか。練習した回答内容をしっかり引き出すことに気持ちが集中すると，笑顔なんてそっちのけになるだろう。
　だけど，「うなずき」は普段から癖づけておけば，緊張しても発動は可能なはず。なぜなら，面接官の質問をきちんと聞かなければ，うなずくことはできないから。しっかり真摯に聞けば自然と「うなずき」は出てくるから。そもそも，質問をしっかり聞く姿勢は人となりの現れだ。よし，「うなずき」の勝利！いや笑顔と張り合わなくてもよいけど。でも，面接は「うなずきが9割」には，正当な理由がある。

第5章 転職で勝負を早く決めるための「自分キャッチコピー」とは？

❶「不安型転職」を決めた人こそ自分キャッチコピー

☐ 特に大企業で増えた若手社員の離職

　大卒若手社員の離職率増加。これも時代の新しい潮目です。厚生労働省の調査によると，大卒社員の3年離職率は，2009年卒で20.5％だったのが，17年卒は26.5％まで上昇しました。コロナ禍で少し下がったが，19年卒は25.3％とほぼ横ばいです。

　リクルートワークス研究所の主任研究員・古谷星斗さんは，「今の大企業では不満型転職ではなく，不安型転職が高まっている」と語っています（朝日新聞夕刊2023年10月6日）。休みを取れるし，上司から怒られない。それは言い換えると，「成長実感が乏しい」職場になってしまうそうです。働く環境はひと昔前より良くなっている。なのに，その環境に不安を覚えて転職する。SNSでは同世代の活躍情報が簡単に手に入る。いろんな転職サイトのCMも目に付く。会社の居心地はいいのに不安。不満はないけど不安。そして満足できる企業を目指して就活に走る。昔と違って，転職サイトを使えば，仕事をしながらの就活は容易です。

確かに，筆者に届く近況報告や風の噂にも，「転職しました」が，ここ1，2年で増えました。ほぼ毎月1人，転職のお知らせが届きます。「え，あんな有名な会社を辞めるの！？」と驚くことも珍しくありません。大変な競争率を勝ち抜いても，いざ入社してみると不安や不満が芽生え，新天地を求める。

　それは，向上心旺盛な若手社員が多い証拠とも言えるでしょう。企業は当然のことながら3年離職者を減らしたいはず。

　社会は大きな課題を抱えていますが，自分をもっと成長させたい，企業の中で昔ながらのヒエラルキー型出世にこだわらない，そんな若者が多く存在するのは，国にとっても良いこと。素直に納得します。

□ それでいいのか？転職が絶対善になっていく傾向

　一方で，転職がファッションのように絶対善となっていくことに，筆者は懸念も覚えます。転職サイトに登録すると，いろんなスカウト情報が飛び込みます。その転職先は，今の職場と比べてどんな良さがあるのか。冷静に検証できているでしょうか。恋愛と一緒にするのはいささか雑ですが，初めて会う時は欠点を隠し，自分の良さを盛って盛ってアピールする。良いところしか目に入ってきません。求人企業も，自社の長所のみアピールしますから，そうなるのも当然です。

　しかし，転職を考えている人は，ちょっと考えてほしい。**今の職場は，本当に絶対に，自分を成長させてくれないのか。成長できる可能性を見落としていないか。**いや，厳しい言い方をすると，「成長させてくれない」という考えは，親鳥から餌を与えられるのを，口を開けて待っている雛鳥と同じではないか。休みは取れる，怒られない，その快適な環境を利用して，「自ら成長していく」気概としたたかさを持ってみるのは

どうでしょうか。

　と言うのも、辞めてから元の会社の良さに気づく話をよく聞くからです。転職を否定はしません。今の職場で我慢しろ、とも言いません。しかし、よく考えよう、ということ。友人・知人が次々と転職していく。そこにつられて自分も同調してしまう「つられ転職」や「焦り転職」は、後で後悔するかもしれませんよ。

　童話『青い鳥』が教えてくれた教訓は、「幸せは近くにある。幸せは心の持ちよう」でした。チルチルとミチルは、お金持ちの家にあこがれて暮らしていました。魔法使いのおばあさんは「青い鳥」を探させますが、どんなに遠くに旅をしても「青い鳥」は手に入らない。懐かしい我が家に帰ると、家の中に自分たちが飼っていた「青い羽を持つハト」がいることに気づきます。遠くばかりを探しまわったけれど、幸せの青い鳥は自分の家にいた、という話。

　辞めてから会社の良さに気づくのは、まさに青い鳥現象です。隣の芝生は青く見える、ともいいますね。**今居る場所の良さにもっと目を向けて、自分が成長できる可能性を探す、可能性をつくり出す。**そういう発想がないと、転職した先でも、同じように不安や不満を持つかもしれません。

☐ 自分が目指す仕事人像を、キャッチコピー化する

　日本の終身雇用制度は終わりを迎えました。だから転職を重ね、螺旋状にスキルを上げていく生き方は、特に20代・30代の選択肢としてスタンダードになっていくでしょう。とは言え、ムードにあおられるように転職を重ねることは、本質的な成長に寄与しないはず。間違っても、転職＝カッコいいと決めつけてはいけません。

そんな残念なことを避けるために,「自分キャッチコピー」をつくって掲げてください。**第4章**では，自分の長所や得意な分野を基に，セールスポイントを自分キャッチコピーに仕上げました。この章では，**「目指す仕事人像」を自分キャッチコピー化していきます。それは転職活動における指針であり，人生の方針でもあり，ぶれない自分でいるためのお守りみたいなものです。**「目指す仕事人像」の自分キャッチコピー化。その方法は，次で詳しくお話しします。

「仕事人像」のキャッチコピー化で
目指す方向を明確に。

❷「目指す仕事人像」のキーワードを抽出する

☐「何者かになりたい」気持ちの「何者」ってどんな人物像？

リクルートワークス研究所の主任研究員・古谷星斗さんは，朝日新聞によるインタビューでこのように話されています。「若手は働くにあたって，『ありのままでいたい』と『何者かになりたい』という二つの価値観を持ち合わせている」。後者に関しては，「自分はこの分野の第一人者になりたい」といった思いだという。併せて，「以前は会社で目の前に積みあがる仕事をこなしていれば，会社の中で出世したり，成果を出したりすることができた。何者かになる王道だった」とも語られてい

ます。耳が痛いな，まさに筆者がそうでした。会社の中でどんな成果を
出せるか。そこだけに腐心して，心をすり減らしたり，人とぶつかった
りしていました。

　「何者かになりたい」という若手の気持ち，年長者としてキャリアコ
ンサルタントとして応援したいと思います。そこで，気になるのは，「何
者像」が具体化しているのか？ということ。「この分野の第一人者にな
りたい」は具体的なのでよいとして，**いわゆる会社勤めの若手は，職種
にもよるはずですが，まだまだ昔ながらの「会社の中で何者かになる」
を目指しているのではないか，と。だとすると，会社の中での「何者
像」，その具体化が必要**です。

　社内外の若手と交流が多い筆者は，「こんな仕事をしたい」という情
熱をよく聞きます。しかし，「何者かになりたい」は表に出さないだけ
かもしれませんが，ふわっとしていて明文化されていない印象です。

□ 自分はどんな仕事人を目指すのか，意外と分かっていない理由

　ふわっとしてしまう理由は単純です。**目の前の仕事で忙殺されている
から。子どもの頃から勉強が出来て優等生と言われ続けた真面目な人ほ
ど，仕事を上手に手抜きしてさばくことが苦手な傾向です。**やらなくて
いいことをやっていたり。やたら長いメールが若手から来ると，「箇条
書きで書けば，時間は半分で済むのに」と思います。筆者も（優等生で
はなかったが）忙殺期がありました。その頃，80代の叔母から「忙しい
のはいいけど，自分を見つめ直しなさいよ」と言われてハッとしたこと
があります。でも，見つめ直す余裕は持てなかった。年長者の意見は含
蓄があります。

　成長意欲はあるものの，自分が目指す仕事人像が分かっていないもう

ひとつの理由が，「自分に自信がある」。勉強ができて良い大学を出て，納得できる企業に就職できた人にありがちなパターンです。自分はこんなに優秀なんだから，周りが私を成長させるのは当たり前，という思考回路。そう，この自信は褒めていません。自信と傲慢は表裏一体。成長したいのに成長できない不安は，案外自分がつくり出しているのかもしれません。

　自信がないことを，強みにしている良いロールモデルをご紹介します。拙著『未定年図鑑〜定年までの生き方コレクション〜』で紹介した「弱さを強さに」こつこつカメ未定年の小川義道さん（仮名・保育士42歳）です。

　小川さんは，保育士・社会福祉士と世の中に貢献できる資格を持ちながら「自分はこれといった才能がない」「自信もない」「自分は弱い人間」と，顔を合わせるたびになんとも自己肯定感の低い発言を繰り返します。小川さんの話を聞いていると，「生まれてすみません」の文豪・太宰治先生を思い出します。人からは垂涎の才能（小川さんの場合，盤石と思える国家資格）を持ちながら，「ダメだダメだ」を繰り返す。

　しかし小川さんは繰り言だけの人ではありませんでした。自分の弱さから逃げなかったのです。保育士の資格を持つ集団に埋もれるだけの人生はダメだ，「自分は他に何ができるか，これからどこを目指すべきか」周りと自分を徹底的に比較した結果，「現場仕事ができて，指導もできる人っていないな」と気づくのです。そして現場×指導の二刀流，平たく言ってしまうと，プレイングマネージャーを目指そうと社会人大学院に進みました。

　保育士の仕事に就く人は，ほぼ例外なく男女関係なく「子どもが好き」です。小川さんも例外ではありません。しかし，「福祉職員はそれだけではダメだろう」という，漠然とした，しかし強い思いが，自分の

弱さと向き合う日々の中で湧き起こってきたのです。**自信がないことが，強みになった。自信がないから，自分だけのポジション＝仕事人像が発見できたのです。**

　どんな「何者」を目指すのか。どんな「仕事人像」に向かっていくのか。そこを明文化する，つまりキャッチコピー化することは，ムードにあおられない冷静な転職の入り口です。

□ 会社員が「仕事人像」キーワードをつくるために

　小川義道さんの「現場×指導の二刀流」のように，**転職を志すにあたって，まずは目指す「仕事人像」を明文化しましょう。**そのためには，小川さんのように，自分が置かれている市場環境の中で，ライバルはどんな記号性を持っているかを考察します。転職の場合，同世代と目指す業界ですでに働く人たちですね。

　重要なのは，**自己分析の後に行うライバルとの差別化です。この作業を筆者は「自分マーケティング」と呼んでいます。自分という商品を，優秀なライバルひしめく労働環境の中でどう明文化し，差別化するか。**そのスタンスなしに転職活動に走るのは，危険行為です。

・自分キャッチコピーのツボ㉛・

まずは，「自分マーケティング」を行って，
自己分析と差別化。

---

❸ 自分がやってきたことに自信がない人へ

☐ 今までの自分に自信はないけれど，転職したい

「何者かになりたい」という人は，大手企業に就職できて，志が高く，能力も高く自分のポテンシャルに自信があるイメージ。でも，世の中そんな人ばかりではないはずです。この項では，**自信はないけれど，理由あって転職したい人に向けた話**をします。

拙著『未定年図鑑』で紹介した未定年のロールモデル清原暢子さん（38歳）。長らくの派遣社員から正社員を目指しました。「結婚できるかどうか分からないので，正社員になって安定した立場で定年まで仕事をしたい。ボーナスももらえるようになりたい」。これが転職したい理由でした。正社員への目覚め，それは素敵なのですが，話を聞くと，まぁ端から端まで今までの自分すべてに自信がない。その一方で，「営業アシスタントの仕事はきついので，この先の体力的なことを考えると難しい。なので総務の事務職を希望している」。

うーーん，そう来るか。自信はないが希望はある。自信はないが選り好みはする。単なる職種の希望じゃないか。それを「選り好み」なんて，ひどい言い方ですか？理由はあります。事務職は女性の人気職種だから。事務職には若い女性が望まれているから。だから，40歳が目前の清原さんが弾かれる可能性は高い。「自分マーケティング」ができていません。

話はそれますが，女子大生と話していて気づくのは，職業観が二極化していることです。いわゆる総合職としてバリバリとキャリアを重ねたい人と，昔の言葉で言う一般職的に事務の仕事をしたい人。新卒の事務職は就活戦線でかなりの激戦と聞きます。

この話をすると，清原さんはガックリうなだれつつも腹落ちしたようです。就活30敗目前はこういう労働市場背景があるからなんだ，と。

□ 自信がない＝能力がない，ではない

ここでハッキリさせたいのは，自信がない＝能力がない，ではないということ。能力を能力と思っていないだけなんです。謙虚な人，とも言えるでしょう。清原さんがまさにそうでした。しかし，派遣社員とは言え，大学を卒業して16年間，いろいろな職種・企業を渡り歩き経験を重ねてきた。それは大変なキャリアです。気づかず身に付いたスキルだってあるはず。そう力説すると，清原さんはだんだん元気を取り戻してくれました。

清原さんのように芯から自分は大したことないと思う「私なんて症候群」の人によく出会います。「私なんて」と思ってはいけない。今までの自分は間違いじゃないんだ。きちんとスキルが身に付いているんだ。だから能力がないのではない。決してそうではない。

自分の能力を客観視する難しさを感じます。自分ができることなんて，大したことない。「能力資産」なんて持っていない。ABCラジオPodcast『未定年図鑑』でご一緒頂いている朝日放送テレビ・小縣裕介アナもそうでした。早朝のラジオ帯番組のメインパーソナリティーを務めながら，プロ野球と高校野球の実況を担当する二刀流アナウンサー。華やかなお仕事をされているのことは衆目一致するでしょう。そんな小縣さんが筆者の話を聞いて，「そう言えば，僕も2 ～ 3ありました！」とほぼ忘れていた資格を思い出すのです。アスリートフード・マイスター，サウナスパ健康アドバイザー，大学時代に取ったスキューバダイビングのオープン・ウォーター。「それ，どれも履歴書の資格欄に書け

ますよ！」激務の合間に取った資格なのに，大したものではないと思われていた様子。朝日放送テレビの看板アナ・小縣さんでもこんな風ですから，清原さんの「私なんて」も無理からぬことです。

■「自分棚卸し」は，転職活動の必須作業

　清原さんが少し落ち込みから復活したところで，キャリアコンサルタントとしてお願いしたことは，**「自分棚卸し」です。中学・高校時代から職業生活の今日までに身に付けたこと，資格・特別な仕事経験を書き出してもらいました。**

　すると，出てくる出てくる。TOEIC730点で日常会話に困らない英語力を備えている（これも「日常会話に困らない程度です」という言い方でしたが）。旅行会社の添乗員として海外を飛び回っていた経験。広告会社の営業アシスタントとして，いろんなクライアントのお困りごとに寄り添ってきた経験。すごいじゃないですか。筆者はストレートに「うらやましい」と思いました。日常会話に困らない英語力。これを帰国子女とかではなく，大学の4年間で身に付けたのですから，きっと真面目に勉強したのでしょう。勤勉な人柄も窺えます。

　とは言え，これだけで就活30敗直前＆40歳直前で内定を勝ち取れるわけではありません。英語が話せる人は多くはないけど，労働市場においては珍しくはない。海外経験もしかり。営業アシスタントでの経験も資格ではないし，スキルとして明文化しにくい。棚卸しした能力資産だけではハンディのある転職戦線をとてもじゃないけど戦えません。

　しかし，清原さんは見事，大手企業への正社員内定を勝ち取ったのです。それも単に大手というだけでなく，うらやましいほど成長の可能性に満ちた企業です。「自分棚卸し」の次に，清原さんはどんなことを

行ったのか。筆者が伝えた「これやって」は，この後でお話します。

自分キャッチコピーのツボ㉜

自信はなくても能力はある，と信じよう。

❹「自分棚卸し」の次は「貢献の具体化」

☐ 40歳近くになって「〜したい」を押し出す問題点

前出の清原さんは，仕事人生の棚卸しをした結果，「自分なんて大したことない」と思っていましたが，40歳直前に見事正社員内定を勝ち取りました。

しかし，棚卸しの内容は正直に言って，目が覚めるようなスキルやキャリアだった，というわけではありません。では，何で差がついたか。それは，**志望企業と職種に対して，どんな貢献ができるかを明文化する「貢献の具体化」**です。要するに志望動機文の書き方ですね。

清原さんから見せられた志望動機文に筆者は絶句しました。志望企業はIT系，職種は総務の事務職でした。「広告会社での営業アシスタントの経験を生かして，御社に貢献したい」という総花的な文。

志望動機というよりは，やってきた仕事の開陳で，目的と合致していない。転職活動30敗目前でしたから，他の企業にも提出できてしまえそうな使いまわし感も漂っていました。

筆者は厳しい課題を突き付けました。「新卒の大学生じゃないんだか

ら，自分はどんな貢献ができて，採用するメリットは何かを具体的にしようよ！」新卒の就活なら，夢と希望を前面に押し出した「～したい」でもよいでしょう。しかし，本人曰く「派遣社員だったし」とは言え，いろんな仕事を経験している。**年齢的には立派なベテランさんが，大学生と同じような志望動機でよいわけがない**，ということです。清原さん，返す言葉もなく，うなだれていました。

■「～したい」改め「～できる」を印象的にするために

自分はどんな貢献ができて，採用するメリットは何かを具体的にするために，どんなことをすればよいか。ここからの話は清原さんのサクセスストーリーに基づいていますが，40歳～50歳のシニア転職で参考にしてほしい志望動機文のつくり方プロセスです。

シニア転職での志望動機文のつくり方プロセス

Step1　志望企業のホームページを読み込む

　　　➡企業が抱える課題・問題点をあぶり出す

Step2　企業の課題・問題点に対して

　　　「自分は何が出来るか」を書き出す

Step3　Step 2 の要素を文章にまとめる

志望企業のホームページを見る。これは誰でもやると思いますが，良いことばかり並んでいる画面から，課題・問題点を見つけるのは難しい。

しかし、だからこそやる価値があります。筆者が清原さんに提案したのは、新卒者向けにつくられた「先輩社員の声のページ」を読み込むこと。すると、IT企業ならではの課題が見えてきました。それは、システムエンジニアを中心に働きすぎになってしまう傾向。好きな仕事に打ち込んでいるので、本人は苦にしていない様子です。しかし、昨今は働き方改革が声高な時代。「これだ！！」清原さんに向かって叫びました。

　志望動機は、ホームページで見つけた先輩社員の声を背景にして、以下のように書き換えられました。

第5章

転職で勝負を早く決めるための「自分キャッチコピー」とは？

志望動機の改善例

【修正前】「広告会社での営業アシスタント経験を生かして、御社に貢献したい」

↓

【修正後】「IT業界特有の多忙な皆さんが業務に打ち込めるよう、営業アシスタント時代に培った「気が利く力」で、業務推進と効率化を支えます」

いかがでしょうか。**修正前と比べると、「貢献の具体化」が明文化**され、その差は歴然です。

　清原さんの場合、もうひとつ約束できる貢献は、英語スキルです。本人はどこまでも謙遜するのですが、TOEIC730点で日常会話に困らない、という立派なスキルを、企業が力を入れている「国際化」と紐づけました。総務の事務職に英語スキルがあれば、突然かかってきた英語の問合せで、立派な戦力になることでしょう。

　以上、2つの「貢献の具体化」により、清原さんは30敗直前で見事に

内定。派遣社員から念願の正社員の座を獲得しました。

■ 「自分キャッチコピー」は「貢献の具体化」の表現

「大学生とは違うんだから，キャッチコピーなんていちいちつくれない」と思う方もいるかもしれません。確かに，志望企業への提出資料の形態としては不要です。しかし，「貢献が具体化」された「自分キャッチコピー」を携えていれば，自分の価値を見失うことなく転職活動を進められる。だから「自分キャッチコピー」制作に取り組みませんか，という提案です。「自分キャッチコピー」のつくり方は**第4章Ⅰ❼**でお話ししましたので，そちらを参考にしてください。大学の講義で話したことですが，シニアの転職活動でも活用できます。

大学生の就活との違いは，**今までのキャリアやスキルが，どう志望企業の利益に貢献できるのか。「貢献の具体化」がギュッと凝縮された表現にするのがポイント**です。言葉の印象から，「自分キャッチコピー」は自分のキャラクターを表現する，と思いがちです。そうではなく，シニアの転職活動では，今までの仕事人生で得たスキルをどう生かせて貢献できるか。それをひと言で言うとどんなことか。ひと言で言うと，が「自分キャッチコピー」です。

●━━自分キャッチコピーのツボ㉝━━●

貢献できることは何か。具体化し，端的な言葉にする。

❺ 面接の「自分語り」で希望を熱く語ってしまう失敗

☐ 誇れるキャリアの人ほど陥りがちな「自分語り」

　転職活動でなかなか内定が得られないと悩む人の相談を受けることがたまにあります。「たまに」というのは，失敗談を人に話すのは辛いから話してくれる人は少ないからです。たまに話してくれる人はたいてい，優秀で自慢できるキャリアの持ち主です。かつ，言葉にはしませんが，「自分はこんなに優秀なのに，なぜどこも採用しないんだ」という憤りが透けて見える。そして，年齢がいっているから，先方との相性がよくなかった，と他の何かのせいにしています。いけない，悪口っぽいですね。

　優秀な人が気づいていない，内定が得られない原因として推察できることがあります。それは面接において，くどく暑苦しい「自分語り」。くどい「自分語り」でも，先方に「この人を採用すれば，会社のメリットになる」と思わせられたらよいのですが，短い面接時間の中で，たいていはいかに自分がすごいキャリアの持ち主かの「エピソード開陳」に終わってしまう。聞かされるほうは，どう思うでしょうか。初めて会う人からいきなり自慢話をくどくど聞かされる。そんな人に好感は持てませんよね。あるいは，「この人は優秀すぎる。入社させたら自分をおびやかす存在になるかも」と警戒させてしまう。優秀な人ほど，場慣れ，人慣れしているので，臆せず話せてしまう。要・注意です。

　大学生向けの就活本ではありますが，『絶対内定』（著：杉村太郎・藤本健司/ダイヤモンド社）にもこんなことが書かれています。

■自分より優秀でない人材を選んでしまうという事実

本来は，会社の利益にのために，「自分より優秀な人」こそ採用すべきところなのだが，そういう人は，リクルーターにとって自分の存在意義を失わせてしまう可能性があるため，鼻につくという印象であっさり落としてしまったりすることがあるのだ。（中略）業界上位の会社では内定するが，下位では優秀すぎて扱いづらいため落とされるということも少なくない。

　大学生向けのエピソードとは言え，中途採用でもあり得る採用する側の隠れた本音です。**特に注目してほしいのは，「鼻につく」と「扱いづらい」というワード。「自分語り」が過ぎると，鼻につくし，扱いづらい人という印象を与える可能性が高いということでしょう。**さすがに相談者に対して，面接での話ぶりが鼻についたのではないですか？とは言えませんが，たまに聞く中途採用の失敗談では，「優秀すぎて感じが悪かったのかも？」と内心思っていました。そこで，次のような具体的な改善策を提示しました。

□ 箇条書きで話す。切り出し方は「〜は2つあって」

　「自分語り」が過ぎる人は，間違いなく自分は頭がいいと思っています。学歴・キャリアにも自信がある。そんな自分の話は，みんなが聞いて当然とまで思っているかもしれません。だから朗々と自分語り。

　こんな人は，朗々と文章で語るのではなく，「箇条書き」で話してほしい。言い換えると，一文を短く，ということです。これだけで，聞き手の負荷はぐっと下がるし，素晴らしいキャリアの話が分かりやすく伝わる。かつ，「適切な頭の良さ」を感じさせることができます。「適切な

頭の良さ」とは，聞き手の立場に立って配慮できる能力。EQ（心の知能指数）と例えてもよいでしょう。

「箇条書き」で話すためには，話したい要素は何か，棚卸しして書き出すという準備が必要です。優秀な人はきっといくつもあるはずです。書き出した複数の要素を俯瞰して眺め，どれを抽出して「箇条書き」にするかを決定します。

「箇条書き」にするキャリアの話は，2つに絞ります。最大でも3つまでにしましょう。理由は，話始めの冒頭で例えば「私のキャリアで御社で貢献できるポイントは2つあります」と切り出してほしいからです。「ポイント数提示作戦」と名付けますね。この作戦で提示する数字は多くて3つまでです。話し手が間違いなく記憶できるのは，3つまで。聞き手が認識できるのも3つが限度です。これは大学生の就活セミナーでも教わる話ですが，言いたいことが伝わりやすいだけでなく，「デキる人」という印象を与える効果もあります。聞き手はポイント数を提示されると，頭の中で「ふむふむ3つあるんだな。中身は何だろう」と頭が聞く準備を始めるのです。聞く準備には，相手の話に興味を持つ，という効果も含まれます。いいこと尽くしですよね。

☐ 希望「～したい」より，貢献「～できます」を語る

「ポイント数提示作成」の話でサラッと書きましたが，「貢献できるポイントは2つあります」の「貢献できます」というスタンス。「御社では，〇〇〇という仕事をしたい」とは似て非なるですよね。大学生は，学生時代に打ち込んできたことを背景に「～したい」で構いません。キャリアはこれから重ねていくので，「貢献できます」はオーバー・プロミスです。しかし，転職活動の場合，何ができるか，どう貢献できる

かをプロミスすることは絶対に必要です。「自分語り」が，積み重ねた経験から導かれた「貢献語り」になると，面接における好感度はぐっと上がるはずです。

●自分キャッチコピーのツボ㉞●

面接では，「自分語り」＜「貢献語り」で。

❻ 「偶キャリ」を引き寄せる精神性と行動

☐ 「偶キャリ」を当てにする危険と「苦し偶キャリ」

　人生における「たまたま」や「偶然」の出会いでキャリアが決まっていくことが「偶キャリ」と称されています。「たまたま」も「偶然」も，本人がキャリアプランと意識せず行なっていること。その結果，すてきなキャリアを手に入れたという「偶キャリ」。前向きに楽しみながら生きていると，「偶然」の幸運に出会えるという話。そこだけ聞くと，**シャカリキになって転職活動を行う，ましてや「自分キャッチコピー」なんて面倒なことを考えるのは，バカバカしくなりそうです。**

　しかし，**どうせキャリアプランなんて「たまたま」や「偶然」が運んでくるんでしょ，とすべての策を放棄して能天気に過ごすのは危険**です。結論から言うと，某かの苦労は踏まないと「偶然」はやってこない。「偶然」の神様は，苦労と努力をする人が好き，ということです。

　ここで筆者の「苦し偶キャリ」ストーリーを話します。

筆者は就職試験を数えるのもイヤなほど落ちまくり，せっかく免許を取ったのに教員採用試験にも落ち，唯一受かったのが，広告会社のアシスタントコピーライターでした。在籍していたシナリオライターの学校から受験を勧められ，「たまたま」受かりましたが，コピーライターがどんな仕事か，広告業界がどんなところかも知らず。とは言え，他に就職先がなかったわけですから，噛り付くしかなかったのです。ここからは前向き，楽しくとは無縁。当時は残業時間の規制もなく，朝早くから終電まで，場合によってはタクシーで帰宅する弟子生活の日々です。筆者は新卒でしたが，アシスタントコピーライターの試験は中途採用だったので，クリエイティブ研修もなく，仕事の現場で，師匠の見様見真似，まさに猿真似子ザルの日々。そこからコピーライターの新人賞を頂き，なんとか独り立ちしました。

しかし，「苦し偶キャリ」は始まったばかり。この後，「偶然」なご縁があって博報堂に中途採用で入社します。優秀なクリエイターに囲まれ，なんとか自分の色を出そうと必死に踏ん張る日々。明るく過ごせたとは到底思えません。しかし，自分なりの努力と工夫をし続けたことで，今日に至りました。大学で教鞭を取る機会にも「たまたま」恵まれ，書籍の執筆の機会も頂きました。それらは，自分なりの努力と工夫を続けた結果，偶然の神様が筆者のキャリアを良き方向に導いてくれたのだと思います。

私事でおこがましいですが，**辛い思いをしないとキャリアの「偶然」は巡ってこない。必死で頑張った人へのご褒美が「偶然」**なんだと，筆者の経験を通して思います。

□ キャリアの「偶然」を引き寄せるために必要な意識とは？

キャリア論の大家であるスタンフォード大学のジョン・D・クランボルツ教授が20世紀末に提案したキャリア理論「計画された偶発性理論」。この理論がまさに,「偶然」は偶然ではない,と説いています。「計画された偶発性理論」のポイントは2点です。

① 人のキャリアの8割は「偶然の出来事」により決まる。
② 「偶然の出来事」を計画的に導くことで, キャリアアップをしていくべき。

キャリアの8割が偶然の出来事によって決まる, と聞くと, そこだけ切り取れば「のんびり行こう」に気持ちが傾きそうです。誰かとの出会いによって導かれるように会社なり職種を選んだ, という経験が「偶然の出来事」の代表で, キャリアはそういった予期せぬ「偶然の出来事」の積み重ねでつくられるというのです。ここに異論はありません。

問題なのは, ②偶然の出来事を「計画的に導く」ことでキャリアアップをしていく。これはどんなことでしょうか。クランボルツ教授の「偶発性理論」では,「目標を持つことが必要」と説いています。目標を明文化することで, 今の出会いや出来事を見逃さない。目標があれば, 単なる出会いに素敵なキャリアの種として向き合えるということです。ガチガチに固めたキャリアプランでなくてもいい。**目標を単純に明文化する, そんな「自分キャッチコピー」があってもいいと思います。心にいつも携えておける, シンプルなコピー**がよいですね。

□ 「偶然」を引き寄せる5つの精神性

目標を持つと同時に，良い偶然を創出し，人生に生かすために，5つの精神性を装着するよう，クランボルツ教授は説いています。

さて，5つの精神性，あなたはいくつ身に付いていますか？なかなか高いハードルだと思いませんか？ちなみに筆者は，③「楽観性」が欠けています。物事を悪いほうに考えがちなので，仕事においては準備主義。最悪に備えて準備するタイプで「楽観性」とは程遠いです。

5つの精神性すべてを身に付けることはなかなか難しい。しかし，「偶キャリ」を視野に入れるなら，「偶然」は偶然ではない，「偶然」を引き寄せる精神性を意識し，日々置かれた場所で努力することが肝心だと思います。

「偶然」を引き寄せる 5 つの精神性

① **「好奇心」** たえず新しい学習の機会を模索し続けること
② **「持続性」** 失敗に屈せず，努力し続けること
③ **「楽観性」** 新しい機会は必ず実現する，可能になるとポジティブに
　　　　　　　考えること
④ **「柔軟性」** こだわりを捨て，信念，概念，態度，行動を変えること
⑤ **「冒険心」** 結果が不確実でも，リスクを取って行動を起こすこと

「偶キャリ」を引き寄せるための目標を 「自分キャッチコピー」に。

❼ 自分がやってきたことに自信がある人へ

□ 自信はあるのに，目標がないのはなぜか

　キャリア論の大家・クランボルツ教授の「偶発性理論」では，「目標を持つことが必要」と説かれているという話をしました。キャリアにおける「偶然」を呼び込むには目標が必要，ということを，筆者は別の角度から納得しています。**思うようなキャリアアップが果たせなくて悩む人や転職を目指す人によくあるパターンが，「自信はあるのに，目標がない」ということ。**申し分ない学歴で有名企業に入れた，相応のキャリアを積み，スキルも高い。ついでながら容姿にも自信がある。そういう人が，転職活動でなかなか内定が取れないということを耳にします。話を聞くと，「こんなにすごい自分を欲しがらない企業はない」と心から思っているのです。いいなぁ，その自信。

　しかし，本人を目の前にして言えないことを，ここで伝えます。その自信が裏目に出て，転職活動が思うように進まないということを。**自信があるがゆえに，ありのままの自分，こんなすごい自分は受け入れられて当然という意識が，何かの拍子ににじみ出てしまう。自信のある人は，そこに気づかないのです。**

例えばどんな時かと言うと，シニア層の転職面接で「あなたは何ができますか？」と聞かれて，「部長をやっていました」と大真面目に自信たっぷりに答える人。決して少なくないようです。部長を務めました，高学歴です，さぁ私を採用しない理由はないでしょう，という内心はにじみ出てしまうのです。**「何ができますか？」と問われて，「部長」と答えるのは，目標がないと答えているのと同義です。もっと酷な言い方をすれば，目標がないのは志がないということです。**

　でも，このままでは，ずっとこのまま。転職活動のゴールテープは切れません。何か目標を掲げましょう。目標を形にする「自分キャッチコピー」のつくり方を活用してください。

□ 目標は，「自分以外の誰か」のために

　「自分キャッチコピー」は，つくる人と目的によって，創作方法が微妙に変わります。ここでは，転職を志す人の目標となる「自分キャッチコピー」創作方法を提示します。

　言葉にすると簡単・単純なのですが，目標は「自分以外の誰か」の幸せや楽しさに寄与することで考えてください。自分のための目標と考えても，自信がある人は「すでに高みに到達している」と信じ切っているので，自分のため，自分をよりよくする目標は立てられない。考えるだけでも時間の無駄です。あ，少し上から目線になってきました。申し訳ありません。

　それでも恐れずに言うと，「自分以外の誰か」のことを，自信のある人はほぼ考えたことがない。自分のことだけ考え，自分を高めることに邁進してきたからこそ，高学歴を手に入れ，大企業に入れたのですから。ならば今からは，「自分以外の誰か」を幸せにする。考えたことのない

ことを考えることに意味があります。

　以下に示したのが,「自分以外の誰か」を幸せに楽しくする「ターゲット・ジャンル」です。

「自分以外の誰か」を幸せに楽しくする「ターゲット・ジャンル」

A.「**弱者**」＝高齢者・シングルマザー・生活困窮家庭の子ども
B.「**産業**」＝農業・漁業など，力が弱まっている産業の人
C.「**地域**」＝人口減に苦しむ地方自治体
D.「**職場**」＝教育・介護など，人手不足で困っている現場

☐ 目標は，まだ見ぬ世界にあるかもしれない

　自信のある人なら，その明晰な頭脳で気づいたかもしれません。このターゲット・ジャンルは「社会問題ばかりだ」。もちろん「自分以外の誰か」を幸せにするジャンルは，社会問題に限らず，他にもあるでしょう。成長産業と言われている分野や人気業界の人を幸せにしてもよいわけです。

　しかし，自信のある人が，すでに力を持っている人が大勢いる分野で自分の優れた能力を発揮することを目標にする。これ，合理的でしょうか。すでに優れた人たちが集まっている分野に空席はないかもしれない。そう考えると，自信のある人がまだ見たことのない世界の人を幸せにする，これを目標にすれば，転職活動も今までとは変わってくるのではないでしょうか。

　ターゲット・ジャンルが決まれば，あとは目標の明文化です。整理す

ると，目標を「自分キャッチコピー」にするステップはたった２つ。

> Step1　幸せにしたい人のジャンルを決める。
> Step2　そのジャンルに紐づく行動を設定。目標とする。

では，先ほど挙げたジャンルに紐づく目標を「自分キャッチコピー」として明文化した例を挙げてみます。

> A.「**弱者**」➡生活困窮家庭の子どもに愛情と教育を
> B.「**産業**」➡農業を脳業に〜デジタル・スキルで貢献〜
> C.「**地域**」➡生き残る街づくりのサポーター
> D.「**職場**」➡教育現場の千手観音になろう

いかがでしょうか。コピーをつくる，と言っても，文章力は全く必要ない。Step1のターゲット・ジャンルを決めることで，コピー化はほぼ終了です。コピーは書くことではなく，気づき。または見つけること。「自分キャッチコピー」の手法で目標を明文化し，煮詰まった転職活動から脱出してほしいです。

　自信のある人の転職活動がうまくいかないことは，日本の損失です。明晰な頭脳を社会のため，できれば困りごとのために活かしてほしい。そのためには，クランボルツ教授が提唱した「偶発性理論」５つの精神性の中のひとつ，「柔軟性」を発動させる。こだわりを捨て，態度・行動を変えてみてはどうでしょうか。そこから，人生で新しい波が立ち上がるかもしれません。

「偶キャリ」を引き寄せるための目標を
「自分キャッチコピー」に。

コラム　さらば青春の光・森田さんに学ぶ「好かれ力」とは？

　さらば青春の光というお笑い芸人のコンビ。リーダー格の森田哲矢さんは,ザ・森東という個人事務所の社長でもある。社員は相方で副社長の東ブクロさんとマネージャー。この3人だけの小さな会社が,年商3.7億（2022年）という成功を収めている。

　もともとは松竹芸能という大きな組織に所属していたが,そこを飛び出してつくった会社。素人考えだが,大手事務所に所属していたほうが,テレビ番組にも多く出られて,収入も安定するのではないか。そのイメージを裏切り,さらば青春の光はテレビ番組で週のうちどこかで見かける。特に森田さんはお世辞にもイケメンとは言えないし,他にも軽妙なトークができる芸人さんはたくさんいるし,なぜこんなに売れ続けるのだろうか。ずっと不思議に思っていたが,その謎が解けた。

　転職を目指す人にとって,参考になる森田さんの話。雑誌『NewsPicks for Biz Magazine・Ambitions Vol.3・2023/ 9 /29』（プレジデント社）の記事「さらば青春の光に学ぶ　3人で年商3.7億。最小組織で最大の結果を出す仕事論」だ。筆者が不思議に思った,売れ続ける＝仕事が自然と舞い込む理由。そこには,3つの「やっぱり」があるという。

　そのうちの1つは,森田さん曰く,「やっぱり,弱者に見えたほうが応援されやすい」。続けて語る。「業界の人たちから,かわいがられている感覚は別にないですね。ただ,やっぱり弱者に見えたほうが,『困ってんやったら,この仕事あげようか？』と。甲子園の高校野球の試合を見ていても,負けて

るほうを応援したくなるじゃないですか」

　そうか，森田さんは弱者。確かに大きな組織に守られているわけではなく，弱い立場でがんばっている人。おまけに相方の東ブクロさんはスキャンダルを起こすし，働かない（と言われている）し。働きすぎて疲れていると言いながら，ネタも手を抜かずがんばっている。そりゃテレビ業界の人は応援したくなるな。森田さん，応援される「好かれ力」の持ち主だった。さらにマネージャーのヤマネさんは「人に嫌われないコミュニケーションお化け」だという。3人で年商3.7億は「好かれ力」が必要不可欠だった。

　自分のキャリアに自信がある人，完璧で強さが前に出る人は，森田さんの「好かれ力」の前で，ほんの少し立ち止まってみたらどうだろう。特に，50歳以上のシニアや60歳からのネクストキャリアを目指す人は，ご縁があって声がかかったケースをあなどれない。「偶然」が個人のキャリアを形成するという「偶キャリ」という言葉もある。ご縁も偶然も「好かれ力」がないと，巡ってこないはずだ。

おわりに
「自分キャッチコピー」とともに生き抜こう

☐ 死にたくなった時，自分を引き留める何かを生み出したい

「死にたい」。1人になるとつぶやいているかもしれない人。あなたの周りにいませんか。もしやあなたが秘かに思っていたり。

「自分キャッチコピー」の裏コンセプト，実は「自殺予防」です。

22歳の時，同級生を自殺で失いました。悩みを吐露されなかった自分が不甲斐なかった。美人で頭が良く明るい彼女が大好きでした。根暗で口数が多いだけの自分が生き残るのが申し訳なく思えました。

日本では自殺が減りません。命を手放す理由がない人を，なんとか引き留めたい。筆者はコピーライターなので，言葉でその役割を果たしたい。では何ができるのか？考え続けてきました。

☐ 「自分キャッチコピー」で，生きていく理由を意識する

結果，たどり着いたのが「自分キャッチコピー」。自分は何者か。長所は何か。世の中に果たせる役割とは。その表現が「自分キャッチコピー」です。

ポジティブな言葉だから，心の支えになる。自己肯定感も上がる。「死のう」を思い留まるお守りになる。筆者のコピーライティング講座では，「忘れないようスマホの裏に油性マジックで書いて」と冗談半分，半ば本気で伝えています。

□ 「息もたえだえ」でも，どうか生き抜いてほしい

　太宰治は『斜陽』で，生きている事を「息もたえだえの大事業」と表現しました。そうか，だから自殺が減らないわけだ。ならばなおさら「自殺予防」は喫緊の課題。

　「息もたえだえの大事業」たる人生で，憂鬱の最中にいませんか。「自分キャッチコピー」を携えて生き抜いてください。明文化した自分の良さ，人生の方針，その価値をどうか信じて。死ぬより幸せなことは，この世にまだまだある。あなたが死んで悲しむ人は間違いなくたくさんいます。

　「自分キャッチコピー」は，人生のロードサイドから頑強な立ち姿で，応援の旗を振ります。あなたはどこに書き留めますか？スマホの裏？手帳？目につく場所にコピーを記してください。生き抜くための大切なお守りだから。

三嶋（原）浩子

自分キャッチコピー制作「4ステップ法」【全体像】

Step 0
ターゲットを意識する
（人事担当者・面接官）

Step 1
自分の長所・特徴を
棚卸しする

Step 2
コピーのジャンルを選ぶ

Step 3
棚卸しした長所・特徴の
どれをコピーにするかを考える

Step 4
3で選んだ長所または特徴を
端的な一文（コピー）に
仕上げる

→　準備が出来たら作成シートに書き込もう！

自分キャッチコピー　作成シート

Step0

●志望企業／学校名

Step1

●長 所（性格上の良さ・強み）　　　　●特 徴（部活・特技・趣味・資格など）

① 　　　　　　　　　　　　　　　　①

② 　　　　　　　　　　　　　　　　②

③ 　　　　　　　　　　　　　　　　③

④ 　　　　　　　　　　　　　　　　④

⑤ 　　　　　　　　　　　　　　　　⑤

※長所と特徴は別。5つでなくても良いですが，出来るだけ多く書き出しましょう。

Step2

　ジャンルA．特徴ドレスアップ　　　　ジャンルB．ポリシー宣言

　ジャンルC．自分ジャンル化　　　　　ジャンルD．自虐的

Step3

Step4

 あなたが，目指す場所へ届きますように。心健やかに受験・就活に取り組めますように。

自分キャッチコピー　作成シート

Step0

●志望企業／学校名

Step1

●長 所（性格上の良さ・強み）　　　　　●特 徴（部活・特技・趣味・資格など）

① 　　　　　　　　　　　　　　　　　　　①

② 　　　　　　　　　　　　　　　　　　　②

③ 　　　　　　　　　　　　　　　　　　　③

④ 　　　　　　　　　　　　　　　　　　　④

⑤ 　　　　　　　　　　　　　　　　　　　⑤

※長所と特徴は別。５つでなくても良いですが，出来るだけ多く書き出しましょう。

Step2

　　ジャンルA．特徴ドレスアップ　　　　　　ジャンルB．ポリシー宣言

　　ジャンルC．自分ジャンル化　　　　　　　ジャンルD．自虐的

Step3

Step4

あなたが，目指す場所へ届きますように。心健やかに受験・就活に取り組めますように。

◎著者紹介

三嶋（原）浩子　（みしま（はら）・ひろこ）

博報堂 関西支社CMプラナー／コピーライター／シニアディレクター
博報堂シニアビジネスフォース
コンテンツ・ディレクター／キャリアコンサルタント（国家資格）。
大阪市立大学大学院　都市経営研究科・都市行政コース修了。修士（都市経営）。
同志社女子大学 表象文化学部日本語日本文学科「コピーライティング」講師。
京都精華大学 メディア表現学部「広告メディア論」「マーケティング」「ブランディング」講師。
広告クリエイターと大学非常勤講師，シニア研究，地方創生の「四刀流」で活動中。人・街・社会をよりよく育てる表現にこだわり抜く「社会派クリエイター」を自負する。
主な広告作品として，ACジャパン「忘災が怖いんや」，企業連合広告「キングジョー，神戸に再び」，家庭養護促進協会「里親カフェ〜こんなパパ・ママと暮らしたい」，企業連合広告「震災を知らない子どもたち」など。単著『未定年図鑑〜定年までの生き方コレクション〜』（中央経済社），共著『20代の武器になる 生き抜く！　マーケティング』（中央経済社）がある。

◎表紙・アートディレクション

中山　沙織　（なかやま・さおり）

博報堂 アートディレクター／イラストレーター。
東京藝術大学　美術学部デザイン科卒。「人をニヤリとさせられるか」を模索しながら，広告・コンテンツ開発・パッケージデザインに取り組む。かわいさと狂気が共存するイラストのファンも多い。男児2人の子育て中ワーキング・ママ。
主な広告作品として，Dydo「#We DontWanna Cry」，HYTEK「Thermo Selfie」，hoyu「Beautylaboホイップカラー」2021，ひらかたパーク「渋谷ひらパー」などがある。

就活・受験に効く! 自分キャッチコピー

2024年4月20日　第1版第1刷発行

著　者　三　嶋（原）　浩　子
発行者　山　本　　　継
発行所　㈱中　央　経　済　社
発売元　㈱中央経済グループ
　　　　パ ブ リ ッ シ ン グ

〒101-0051　東京都千代田区神田神保町1-35
電話03（3293）3371（編集代表）
　　03（3293）3381（営業代表）
https://www.chuokeizai.co.jp
印刷／文唱堂印刷㈱
製本／㈲井上製本所

©2024
Printed in Japan